Antonio Guillén | Pablo Alonso | Darío Mollá

Ajudar e aproveitar a muitos

Dar e fazer Exercícios inacianos

Tradução:
Joaquim Pereira

Edições Loyola

Título original:
Ayudar y aprovechar a otros muchos – Dar y hacer Ejercicios ignacianos
© Sal Terrae – Grupo de Comunicación Loyola, S. L. – Bilbao, España
C /. Padre Lojendio, 2 – 48014 – Bilbao – Spain
ISBN 978-84-293-2736-6

Dados Internacionais de Catalogação na Publicação (CIP)
(Câmara Brasileira do Livro, SP, Brasil)

Guillén, Antonio
 Ajudar e aproveitar a muitos : dar e fazer Exercícios inacianos / Antonio Guillén, Pablo Alonso, Darío Mollá ; tradução Joaquim Figueiredo Pereira. -- São Paulo : Edições Loyola, 2021. -- (Exercícios espirituais & discernimento ; 1)

 Título original: Ayudar y aprovechar a otros muchos - Dar y hacer Ejercicios ignacianos
 ISBN 978-65-5504-134-7

 1. Cristianismo 2. Espiritualidade 3. Exercícios espirituais 4. Jesuítas 5. Inácio de Loyola, Santo, 1491-1556. Exercícios espirituais I. Alonso, Pablo. II. Mollá, Darío. III. Título IV. Série.

21-92855   CDD-269

Índices para catálogo sistemático:
1. Exercícios espirituais : Cristianismo   269

Maria Alice Ferreira - Bibliotecária - CRB-8/7964

Preparação: Marta Almeida de Sá
Capa e diagramação: Viviane Bueno Jeronimo
 Composição a partir das imagens: © zatletic e
 © Vector Art Design | Adobe Stock.
Revisão técnica: Danilo Mondoni, SJ

Edições Loyola Jesuítas
Rua 1822 n° 341 – Ipiranga
04216-000 São Paulo, SP
T 55 11 3385 8500/8501, 2063 4275
editorial@loyola.com.br
vendas@loyola.com.br
www.loyola.com.br

Todos os direitos reservados. Nenhuma parte desta obra pode ser reproduzida ou transmitida por qualquer forma e/ou quaisquer meios (eletrônico ou mecânico, incluindo fotocópia e gravação) ou arquivada em qualquer sistema ou banco de dados sem permissão escrita da Editora.

ISBN 978-65-5504-134-7

© EDIÇÕES LOYOLA, São Paulo, Brasil, 2021

Sumário

Notas sobre a edição 7
Prefácio, por José A. García 9

Capítulo 1 – A oração nos Exercícios 13
É difícil orar? 13
A meditação com as três potências 16
A contemplação de cenas evangélicas 19
A repetição inaciana 23
"Aplicar os sentidos" à oração 26

Capítulo 2 – O início dos Exercícios 33
A conversa introdutória dos Exercícios 33
Textos bíblicos para a conversa introdutória 35
Diretório breve sobre o Princípio e o Fundamento 38
Textos bíblicos para o Princípio e o Fundamento 41

Capítulo 3 – A Primeira Semana 43
Diretório breve sobre a Primeira Semana 43
Textos bíblicos para a Primeira Semana 48
Instruções e regras da Primeira Semana 52
    As anotações 53
    Os exames 54
    Três modos de orar 56
    As regras para sentir e conhecer moções 57
Adições e complementos da Primeira Semana 58

Capítulo 4 – A Segunda Semana 63
Diretório breve sobre a Segunda Semana (A) 63

Textos bíblicos para a Segunda Semana (A) ...68
Diretório breve sobre a Segunda Semana (B) ...72
Textos bíblicos para a Segunda Semana (B) ...76
Instruções e regras da Segunda Semana ...80
    As regras com maior discernimento de espírito ...80
    Fazer eleição ou emendar e reformar a vida ...82
    As "regras para distribuir esmolas" ...83
    Notas para sentir e entender escrúpulos ...84
Adições e complementos da Segunda Semana ...85

Capítulo 5 – A Terceira Semana ...91
Diretório breve sobre a Terceira Semana ...91
Textos bíblicos para a Terceira Semana ...95
Instruções e regras da Terceira Semana ...99
    As regras da temperança ...99
Adições e complementos da Terceira Semana ...101

Capítulo 6 – A Quarta Semana ...107
Diretório breve sobre a Quarta Semana ...107
Textos bíblicos para a Quarta Semana ...111
Instruções e regras da Quarta Semana ...114
    As regras para sentir na Igreja ...115
Adições e complementos da Quarta Semana ...120

Capítulo 7 – A Contemplação para alcançar amor ...125
Diretório breve sobre a Contemplação para alcançar amor ...125
Textos bíblicos para a Contemplação para alcançar amor ...128

Epílogo – O melhor presente de Santo Inácio ...131

Apresentação dos autores ...135

Notas sobre a edição

Este livro é fruto de uma colaboração: Antonio Guillén é o autor principal da obra, enquanto Pablo Alonso preparou os "Textos bíblicos" e Darío Mollá, as "Adições e complementos".

Uma boa parte das páginas aqui reunidas foi publicada anteriormente na revista de espiritualidade inaciana *Manresa*, principalmente a seção "Ajudas para dar Exercícios", durante 2015, 2016 e 2017. Estão compilados aqui alguns textos revisados por seus autores.

As obras de Santo Inácio são citadas assim: a *Autobiografia* [Autob.], as *Constituições da Companhia de Jesus* [Const.], o *Diário espiritual* [Diário] e o *Livro dos Exercícios* [EE].

Prefácio

Em nossos dias, foram escritos muitos livros valiosos sobre os Exercícios de Santo Inácio. Para limitar-nos somente a dois: a obra magna de Santiago Arzubialde, *Historia y análisis*, aos que desejam saber "quase tudo" sobre os Exercícios, e no outro polo, os seis *Itinerários* do CES de Salamanca pensados como materiais de iniciação e posteriores.

O livro que prefaciamos é também sobre os Exercícios, mas me agradaria dizer desde o princípio que não é um a mais, acrescentado a muitos outros. Este traz uma novidade que o converte em instrumento de grande importância para os que desejam conhecer a fundo o processo espiritual que perpassa o livrinho dos Exercícios, e principalmente para aqueles que aspiram ou estão se preparando para orientá-los. E não somente para eles, mas também para aqueles que os dão frequentemente em qualquer de suas variantes, uma vez que ninguém se livra da impressão de nunca tocar a fundo em sua compreensão, em sua prática e no modo de dá-los a outros.

Aprofundemo-nos um pouco mais na "novidade" que este livro traz. Em primeiro lugar, não está escrito por uma pessoa, mas por três. Três jesuítas muito conhecidos e também reconhecidos na arte de proporcionar exercícios a toda classe de pessoas: leigos, sacerdotes e religiosos, jovens e adultos. Este fato proporciona ao livro que temos em mãos grande sabedoria e maturidade. Os três sabem de que estão falando, e o que dizem brota do profundo conhecimento teórico dos Exercícios, passado sempre pela dilatada experiência em orientá-los.

Cada um dos três se ocupa de um ângulo de abordagem aos Exercícios que se repetirá sem mudanças ao longo das quatro semanas: em primeiro lugar, um diretório sobre a semana em questão; em segundo, textos bíblicos para essa semana; e em terceiro, adições e complementos.

O peso maior do livro recai sobre Timo Guillén. Ele é quem nos introduz, em um primeiro capítulo, no tema "A oração nos Exercícios", introdução necessária para esclarecer ao orientador e ao exercitante os diversos tipos de oração que Inácio propõe em seus exercícios: meditação, contemplação, repetição, aplicação dos sentidos etc. (São também formas de oração os famosos "três modos de orar"? O leitor se encontrará aqui com uma interpretação que parece não ser nova, mas com certeza é nova e original.) Um primeiro capítulo tão necessário quanto bem exposto.

Sobre Timo Guillén recai também uma parte que percorre cada uma das quatro semanas, denominada "Diretório breve". Qual sua finalidade?

Sabemos que, para Inácio, dar exercícios era sinônimo de "dar modo e ordem". Um modo e uma ordem que conjugassem ao uníssono o "princípio de adaptação", conforme fosse o sujeito que os executasse, com o "princípio de objetividade" por meio do qual os Exercícios fossem verdadeiramente exercícios inacianos, e não outra coisa, por melhor que fosse. Por intermédio do primeiro, assegurava-se a centralidade do exercitante e de seus condicionamentos internos e externos; por meio do segundo, o processo mistagógico dos Exercícios tal como Inácio o concebeu, que nunca deveria ser desconsiderado.

Sabemos também que, desde o princípio, essa conjunção não resultou fácil para os primeiros jesuítas, motivo pelo qual foram surgindo os diversos "diretórios" oficiais, a começar pelo próprio Inácio. Eram ajudas práticas para orientar o orientador nessa arte de dar "modo e ordem". O que Timo Guillén faz aqui é valer-se desses diretórios – e dos dados que lhe proporcionam sua prolongada experiência nesse campo – para obter o mesmo efeito hoje. E a verdade é que o faz muito bem. Ao ler essas introduções a cada semana, aprendemos coisas importantes, tanto dos Exercícios em si como da arte de dá-los, objetivo principal e mais importante deste livro.

A segunda seção, intitulada "Textos bíblicos para esta semana", é da reponsabilidade de Pablo Alonso, antigo mestre de noviços e atualmente professor de Sagrada Escritura na Faculdade de Teologia de Comillas.

Do início ao fim, o material dos exercícios inacianos é eminentemente bíblico. São quatro textos e cenas da Escritura (Inácio os chama de "mistérios") que quase sempre se oferecem ao exercitante para sua oração pessoal, isto é, para que se disponha a que Deus o encontre neles. A Bíblia, e principalmente o Novo Testamento, assegura aos Exercícios o duplo sentido de que os fundamenta e alimenta.

Entretanto, com certa frequência, ocorre que essas citações bíblicas se oferecem ao exercitante em blocos, sem se contextualizar nem esclarecer suficientemente por que foram escolhidas e a relação que guardam com o que se busca e se pede na meditação ou na contemplação. Essa relação pode ser tão tênue e inexpressiva que apenas ajudará a mover os afetos do exercitante.

Não é isso o que Pablo Alonso nos oferece aqui. Ele selecionou cuidadosamente as citações, expressou estritamente o que dizem, as relacionou com o "momento mistagógico" que vive o exercitante etc. É certo que cada orientador costuma ter já preparadas as suas próprias citações bíblicas para cada meditação ou contemplação, mas não será ruim se, de vez em quando, acionarmos também outras fontes para não nos fossilizarmos no de sempre. Trata-se, pois, de uma seção do livro muito bem pensada e de grande ajuda para aqueles que dão exercícios, sejam estes mais ou menos aprendizes ou orientadores experimentados.

Chegamos com isso à última seção do livro, que Darío Mollá intitula de "Adições e complementos para esta semana". Darío é um jesuíta amplamente conhecido por seus excelentes escritos sobre espiritualidade inaciana e também por sua grande experiência como orientador. Qual é a finalidade dessa terceira aproximação aos exercícios inacianos?

Sabemos a importância que Inácio atribuía "a uma série de elementos exteriores: gestos corporais, cuidado com as circunstâncias ambientais, simples dinâmicas de comportamento", a tudo o que deu o nome de "adições". Ele tinha a convicção de que "o cuidado com esses elementos exteriores nos dispõe melhor ao encontro com Deus". Com a palavra "complementos", o autor alude a outros possíveis materiais (literários, gráficos, visuais) que podem contribuir para o mesmo fim. O exercitante do século XXI é muito diferente do praticante do século XVI, assim como a cultura que o envolve. Se Santo Inácio prestava tanta atenção nesses elementos, ajustando-os cuidadosamente a cada um, o que poderia impedir que nós também o seguíssemos fazendo? Com duas condições, acrescenta o autor: que todos esses materiais sejam "simples" e que verdadeiramente "ajudem".

Tendo como fundamento tais premissas, o trabalho de Darío Mollá consiste em introduzir-se a fundo nas adições próprias de cada semana, para ver, a partir delas, e com a atenção fixa no exercitante atual, o que continua sendo importante hoje, qual tipo de adaptação admitiriam, de quais outros materiais devemos nos servir etc. Igualmente em relação aos outros dois autores, deve-se dizer que a tentativa foi muito bem-sucedida.

***

Leitora e leitor amigo, se estás interessado(a) em um conhecimento mais profundo dos Exercícios de Santo Inácio de Loyola ou se talvez te atraia aprender a dá-los... ou se já os dás habitualmente, mas não queres afastar-te do que já sabes sobre eles e dos instrumentos que utilizas para dá-los... aqui tens um livro de cuja leitura e cujo uso não te arrependerás.

José A. García, SJ

CAPÍTULO 1

A oração nos Exercícios

É difícil orar?

A qualquer um que se lhe pergunte, dirá que orar é difícil. Se o deixamos explicar-se, provavelmente enumerará uma longa lista de dificuldades para justificar a afirmação anterior. Falará de distrações, de ruídos ambientais, de falta de tempo, de não encontrar postura, de métodos e de técnicas de concentração e de muitas outras coisas de maneira semelhante.

Nenhuma delas é uma dificuldade real da oração. O autêntico problema tem raízes mais básicas que relativizam por completo as anteriores. Creio que se expressa bem por estas duas questões capitais: O que realmente é orar? E a que Deus dirigimos nossa oração?

Orar não é fazer algo, mas receber um dom

O que realmente é orar? Orar não é o que *fazemos, mas o que nos ocorre quando nos colocamos* diante de Deus[1]. Como ocorre com a amizade, ambas as experiências têm muito mais de dom recebido que de produto ganho e trabalhado. Como em relação a todo dom, também é crucial saber "de onde" e "como" o recebemos.

Na parábola do semeador, a semente é em si mesma o presente preparado para germinar e dar fruto. Mas, recebida na superfície do caminho, ou entre pedras e espinhos, ela se perde ou logo se esgota. Somente na profundidade da boa terra frutifica, e muito. Então, produz frutos sem que o dono do campo saiba como (Mc 4,3–8,26-29).

---

1 Cf. PARMANANDA R. DIVARKAR, SJ, *La senda del conocimiento interno. Reflexiones sobre los Ejercicios Espirituales de San Ignacio de Loyola*, Santander, Sal Terrae, 1984, 92; PIET VAN BREEMEN, SJ, *Como pan que se parte*, Santander, Sal Terrae, 1992, 37-53.

Eleita por Jesus para se referir à recepção do Reino, a imagem da semente e do campo expressa bem os termos de nossa colaboração ao recebermos seus presentes. Com efeito, quando a presença de Deus é recebida na superficialidade habitual de nossa existência, dura bem pouco. Quando é atendida como uma a mais, entre muitas outras preocupações e angústias, fica logo afogada. Somente quando é recolhida no *porão* – no segredo e na consciência mais profunda de nossa personalidade, onde tudo parece débil, mas tudo é verdadeiro – permanece no interior e produz fruto.

Orar é receber a presença de Deus na profundidade da pessoa, sem fachadas nem papéis que representem, ali onde o orgulho e a vaidade puderam ser deixados de lado. Como expressou com graça Santa Teresa, "para buscar a Deus não é necessário ter asas, mas pôr-se em solidão, olhá-lo dentro de si". Encontrar Deus nessa profundidade pessoal é o que nos constitui *orantes*.

Para ir mais a fundo, esperar e manter o desejo de escutar Deus, o crente utiliza diferentes recursos vocais ou mentais, inclusive *técnicas e métodos* aos quais denomina de *orações e rezas*. Sua utilização nos faz *rezadores*; mas não é o mesmo ser rezador e ser orante.

Por estranho que pareça, pode-se ser muito *rezador* e, no entanto, utilizar este comportamento como pretexto para renunciar a ser orante. Quando, contra seu verdadeiro significado, as *rezas* se erigem para o crente piedoso no absoluto da oração, e já não se busca o dom de ver mudada a atitude interior, mas o protagonismo único de um fato meritório que deve ser cumprido, nossas rezas acabam bloqueando a verdadeira oração. Jesus denunciou esse resultado aos fariseus repetindo-lhes as palavras de Isaías – "este povo me honra com os lábios, mas seu coração está distante de mim" (Is 29,13; Mc 7,6) –, e parece que esse aviso não perderá nunca seu sentido.

O *rezador* acredita orar "para que Deus o escute", mas o *orante* sabe que seu objetivo irrenunciável é "escutar o que Deus está dizendo a ele agora mesmo". Aquele acredita estar esforçando-se e merecendo. Este se sabe basicamente presenteado e se limita a expressar seu profundo agradecimento pelo presente.

Os exercícios inacianos não prescrevem *rezas,* mas atitude orante. Não se vai a eles para *rezar uns dias,* mas para colocar a própria vida diante de Deus. Uma coisa não é igual à outra. Boa parte das experiências chamadas "exercícios" malogram porque o exercitante crê que seu papel se limita a ouvir pregações e a rezar, mas nem tenta desejar *orar sua vida.* O grande erro está em querer protagonizar a própria oração, em vez de aceitar o protagonismo benfeitor do Senhor nela.

Orar diante do Deus presenteador, todo misericórdia

A segunda questão é igualmente relevante. A qual Deus dirigimos nossa oração? Quando ficamos a sós e olhamos para dentro, qual imagem de Deus nos surge? É o Deus de verdade ou apenas um sucedâneo?

Não é raro que nossa referência a Deus, pelo menos emotiva, esteja desfigurada por medos e mil projeções de nossa relação com a autoridade ou o poder. Sem querer, o efeito é sentir-nos confrontados com um deus *estreito e pequeno,* mesquinho, exigente, censurador, opressivo em suas imposições e arbitrário em suas exigências. Um deus tão marcado por seu caráter de *todo-poderoso* que não deixa espaço algum à realidade, também confessada, do *todo-misericordioso.* Um deus altivo, encerrado em sua autossuficiência, insensível com nossas lágrimas e, talvez, já entediado com nossas inconsequências. Um deus que pede tributos e talvez recompense esforços, mas que não é nada propenso a regalar algo de graça.

Diante desse deus não há oração possível. Nem se produz nem se permite. Como todo ídolo, ele somente sabe receber mostras de cortesia e aplacar-se com promessas e rezas. A oração autêntica não se dirige a esse deus, mas ao regalador, do qual Jesus e os profetas falaram. Cresce e se expressa em um clima de agradecimento pelos bens recebidos. E mais: em qualquer de suas formas, *orar* é somente uma glosa da palavra *obrigado.*

Desde o princípio de seus exercícios, todo o interesse e todos os conselhos de Santo Inácio estão centrados em colocar o exercitante diante de uma imagem generosa e regaladora de Deus. Sobre esse *fundamento* pode-se orar e encontrá-lo em todas as coisas.

Desde o início, os Exercícios são um *face a face* com Deus. Evidentemente, com o Deus de verdade, anunciado por Jesus. O Deus *abrangente, atento, próximo,* sensível a nossas lágrimas; totalmente compreensivo; doador de liberdade; incondicionalmente fiel; implicado sempre na pequenez humana; mais íntimo a nós que nós mesmos; alegre ao nos ver crescer e desfrutar, pois sua glória é que sejamos e vivamos felizes; dedicado a nos aceitar por completo como somos – se não, não seria amor –, mas às vezes *sonhando-nos* melhores do que somos em cada momento.

Em definitivo, um Deus sempre mais grandioso e melhor que a melhor pessoa que tenhamos conhecido. Como imaginar um deus inferior, em proximidade e capacidade afetiva, a outras pessoas que nos querem bem? De onde, senão recebermos todos, tarde ou cedo, o reflexo do amor incondicional?

Diante desse Deus, orar se torna fácil. Confessar-se débil e desordenado também. Mas para isso é preciso sair de si mesmo, silenciar a pretensão oculta de ser seu próprio absoluto e deixar que Deus *seja Deus* em si.

A meditação com as três potências

Apesar da opinião geral, *a meditação com as três potências* não é um método de criação inaciana nem sequer a proposta mais frequente nos Exercícios. Data de pelo menos dois séculos anteriores a eles. Santo Inácio a encontra em Paris e a utiliza livremente nos dois primeiros exercícios da Primeira Semana. Nada mais[2].

Meditar é discorrer detidamente pelas verdades da fé ou por outros pensamentos santos, de tal modo que isso estimule notavelmente nossos sentimentos de admiração e agradecimento a Deus. O método *das três potências* proporcionava, e segue proporcionando, a

---

2 O parêntese meditativo do rei temporal e das Duas Bandeiras, na Segunda Semana, provavelmente por ser de origem manreseana, não é apresentado como *meditação com as três potências,* nem tem exatamente a mesma dinâmica explícita de "mover mais os afetos com a vontade". Ambas as propostas meditativas coincidem com a *consideração* de uns pensamentos como movimento prévio a uma *petição* final.

clareza de expor os pontos básicos do processo; da memória ao entendimento, e deste à vontade, entendida no sentido de que hoje expressamos com a palavra "coração" – "os atos da vontade estão afetando", irá dizer santo Inácio [EE 3].

Essa maneira de reconhecer a sequência completa – da memória, mediante o entendimento, até a afetividade – expressa bem o chamado ao orante para não deter a meditação em simples pensamentos, por preciosos e floridos que sejam, até encaminhá-la decididamente para despertar sentimentos bem fundados. Santo Inácio a justificará de uma forma antológica: "Porque não é o muito saber que alimenta e satisfaz a alma, mas o sentir e o saborear as coisas internamente" [EE 2]. A preocupação para todo orante será sempre como estender, e levar até o fim, estes passos chamados a dispor a alma para receber oração. Nos Exercícios, vai encontrar muitas explicações e sugestões para isso.

Os sentimentos que segregam os bons pensamentos

Verdadeiramente, o começo de toda meditação é muito diretivo porque se trata de "trazer em memória" ou "à memória", a partir de nosso depósito de pensamentos, dos relatos e das histórias que nos parecem dignos de ser "muito considerados e ruminados" [cf. EE 189]. Assim, a memória atua como custódia de verdades arquivadas que, trazidas ao presente, proporcionam matéria de boa reflexão à mente.

Também o início da reflexão é orientativa, porque ao que medita se lhe pede que considere determinadas verdades ou aspectos – "que pouca coisa sou eu, quão grande é Deus, quanta benevolência manifesta comigo" [EE 58-60] –, ou *comparar* sua atuação com a de outras figuras trazidas à memória [EE 50-52], ou *pesar* em justa medida seu comportamento mais habitual [EE 56-57]. Mas, a partir desse *começo*, a meditação avança *discorrendo* sem predeterminações "pelo que se oferecer" [EE 53]. A saber, por onde o Senhor queira levar o orante.

Uma vez trazida a história, a parábola ou a consideração proposta, *meditar* é discorrer ou raciocinar sobre elas, calibrando ou *ponderando* sua verdade com todas as suas nuances. Ao que dá os

Exercícios se lhe pede que "discorra brevemente sobre os pontos da história" [EE 2], de maneira que deixe nas mãos do exercitante, orientado pelo Senhor, a continuação do processo. Para o que faz Exercícios, a direção da meditação termina quando se deixa ao Senhor *entrar* em nossos pensamentos – "fala, Senhor, que teu servo escuta" (1Sm 3,10). A partir desse momento, o orante se abandona à confiança de que lhe brotem de dentro sentimentos recebidos dele, e assim, com eles, *entrar* na oração [EE 5, 53, 76].

A meditação se encaminha sempre para que se *sintam* e *saboreiem* as emoções segregadas pela reflexão e orientadas pelo Senhor. Em todos os exercícios de meditação que propõe, Santo Inácio repete, uma e outra vez, que cada ponto da reflexão deve dirigir-se "aos afetos da vontade" [EE 50-52]. Isto é, não podemos deter a meditação enquanto não encontrarmos ou recebermos uns sentimentos serenos nos quais nos determos.

Para facilitar esta viagem até *os afetos*, Santo Inácio completa a meditação com *as três potências* incorporando-lhe um elemento novo e desconhecido anteriormente em sua prática. Ele o denomina de "colóquios" e o descreve como a conversa espontânea e não confinada de um amigo com outro, "pedindo alguma graça, comunicando suas ações e desejando obter conselhos por meio delas" [EE 54]. Todas as meditações que Santo Inácio propõe terminam com um longo *colóquio*, pleno de petições e agradecimentos ao Senhor, tanto na Primeira Semana como depois[3]. A meditação culmina na alegria desfrutada dessa proximidade e gratuidade.

Com efeito, *meditar* é surpreender-se com as maravilhas e os presentes que o Senhor nos proporciona; admirar-se de sua bondade nunca esgotada; agradecer-lhe sua paciência e sua misericórdia diante de nossas incoerências e desconsiderações; pedir-lhe perdão sentindo-se já previamente perdoado; aceitar com alegria seus chamados para que o siga; descobrir qual dívida de amizade tão confortadora temos com ele. *Meditar* é cair na conta, com o entendimento

---

3   Cf. [EE 53, 61, 63, 71, 147 e 156].

e com o coração – os dois –, de quanto ele fez por nós e quanto desconsiderada ou pobre foi nossa resposta a ele.

Para muita gente, *meditar* é um passo prévio para a *contemplação*. É como *dispor a alma* já com algum desprendimento e abandono consciente na ação do Senhor, porque, uma vez que *entramos* em oração, se o protagonismo desta se centra na pessoa de Jesus, é muito fácil passar para a contemplação. Em ambos os casos, meditação ou contemplação, trata-se de querer receber as graças que o Senhor quer nos dar. O *fruto* de toda oração sempre se vê como um presente surpreendente e gratuito dele.

A contemplação de cenas evangélicas

A contemplação é o modo de oração preferido de Santo Inácio, o mais amplamente explicado por ele e o mais repetidamente proposto ao longo dos Exercícios[4]. *Contemplar* nos Exercícios é como *olhar para Jesus* com afeto, deixar que nossos afetos, nossos sentimentos e, com eles, toda a nossa pessoa sejam invadidos por ele.

Além dos lábios e da mente, é uma *oração do coração*, e, portanto, não centrada fundamentalmente no processo discursivo dos pensamentos – como a meditação –, mas na figura cordialmente *sentida e saboreada* de Jesus. Do princípio ao fim, situa-se em chave de amizade, de gratuidade, de fascinação semelhante à paixão. Isso é o básico e o essencial da contemplação. Como todo conselho provindo de Santo Inácio, trata-se muito mais de uma atitude de abordagem afetiva do que de uma técnica de oração.

Os antecedentes ou preâmbulos da contemplação

Toda apresentação inaciana da contemplação vai na direção de *dispor a alma* para deixar surgir no orante o grande afeto por Jesus. Para isso, sua proposta é *olhar* as cenas evangélicas – sempre as cenas de Jesus em movimento recolhidas nos Evangelhos – para "conhecê-lo *internamente*" e, em definitivo, para "mais amá-lo e segui-lo" [EE 104]

---

4 Cf. meu artigo La contemplación según San Ignacio, *Manresa* 65, 1993, 19-31. I<small>D</small>., Contemplación, em G<small>EI</small> (ed.), *Diccionario de Espiritualidad Ignaciana*, Bilbao/Santander, Mensajero/Sal Terrae, 2007, 445-452.

Em função desse objetivo – que Santo Inácio qualifica como terceiro e fundamental preâmbulo –, todos os demais conselhos inacianos recebem seu sentido prático.

Em primeiro lugar, como boa ajuda, oferece-se para servir-se de uns antecedentes ou *preâmbulos* à própria contemplação. O primeiro *preâmbulo* é "a história" que se traz à memória para ser *contemplada*. Nos Exercícios, a "história" das contemplações é proposta "nos mistérios da vida de Cristo nosso Senhor" [EE 261-312], estruturados conforme os relatos dos quatro Evangelhos – desde a Anunciação de Nossa Senhora até a Ascensão de Cristo nosso Senhor –, mas não literalmente limitados a eles. Os comentários devotos ou acrescentados de Santo Inácio nesses relatos deixam ver claramente que o texto evangélico é somente oportunidade ou base para encontrar e *contemplar* Jesus diretamente.

Com efeito, as cenas evangélicas nunca são trazidas nos Exercícios como obras históricas ou literárias, mas como boas transmissoras da fé. É seu sentido teológico que se converte em matéria de contemplação por obra e graça do Espírito Santo que ora em nós. Acima de tudo, se *contempla* a Jesus. Por isso, é correto dizer que a contemplação evangeliza, ao nos permitir orar a Escritura como sacramento perene da revelação de Deus[5].

O segundo antecedente ou *preâmbulo* é a "composição, vendo o lugar", que costuma ser interpretada erroneamente como um esforço desmesurado de imaginação, mas que não pretende nem deve ser isso. A cena imaginada é somente um recurso inicial ao se aproximar a esta forma de oração menos discursiva que a meditação e, portanto, mais necessitada de algum apoio sensível. Acode-se à imaginação por sua capacidade evocadora de pessoas e situações queridas, mas sabendo que seu papel nunca é primordial nem básico para *contemplar*. O orante não deseja – nem tem por que exigir tal coisa à imaginação – a reconstrução ou a fabricação da cena, mas somente que ela lhe facilite sua implicação afetiva nela.

---

5   Cf. J. R. Busto, SJ, Exégesis y contemplación, *Manresa* 64, 1992, 15-23.

Sua função é direcionada a eliminar imagens estranhas e a despertar a atividade orientada aos sentidos. Como não se lhe pede construir uma cenografia, é mais uma tela de fundo do que um desenho acabado, mais uma vista longínqua do que uma visão. Por isso, uma vez realizada sua função inicial de auxiliar a concentração na cena evangélica escolhida, com frequência, o imaginado desaparece em boa medida do processo contemplativo. É evidente que não era imprescindível, mas apenas um preâmbulo.

É importante lembrar que o recurso de Santo Inácio à imaginação nas cenas evangélicas é tomado da *Devotio Moderna* que ele conheceu – e o fascinou – durante sua convalescência em Loyola lendo a *Vita Christi* de Ludolfo de Saxônia. O conselho que encontrou no proêmio dessa Vida de Jesus – "fazer-se presente a todas as coisas que fez e disse o próprio Senhor" –, ele o incorporou depois à sua proposta contemplativa, estimulando a olhar as cenas "como se presente me achasse, com todo o respeito e toda a reverência possível" [EE 114]. Santo Inácio tomou da espiritualidade franciscana medieval o objetivo de uma intensa aproximação afetiva a Jesus na contemplação.

O "proveito" de contemplar

Nenhuma cena da vida de Jesus resulta alheia ou irrelevante ao contemplativo. O significado de todas as contemplações é apontado por Santo Inácio no conselho que repete no fim de todos os *pontos* contidos n*a história*: "refletir para tirar algum proveito de cada uma dessas coisas" [EE 106-108; 114-116 etc.].

Refletir é deixar que se manifeste em um corpo a luz de outro corpo. A Lua o faz em relação ao Sol. É evidente que Santo Inácio está pensando em expor-se como um espelho à luz que brota do Espírito, igual a Moisés, que "refletia a glória de Deus" ao descer do Sinai (2Cor 3,18). Repetido por ele sempre e somente no fim das contemplações, o pedido para "refletir em si mesmo" está claramente direcionado a transpor ao nosso interior o que *se contempla*, a deixar-se encharcar a cabeça, o coração e as entranhas pelo mistério de Cristo contemplado.

O fruto desse encontro com o Senhor nunca pode ser determinado, mas só pode ser bom. Não é casual, portanto, que Santo Inácio se refira a ele com uma nuance deliberadamente indeterminada – "algum proveito" –, porque, diferentemente do que propõe na meditação, ele sabe que se *deve entrar* na contemplação sem pretender determinar previamente qual há de ser o *proveito* dela. É o que o Senhor quiser.

Essa atitude é coerente com o desenvolvimento da oração porque é sempre fácil comprovar como, a partir do silêncio extasiado do orante, a contemplação é principalmente um diálogo aberto no qual o Espírito frequentemente termina falando do que o contemplativo menos esperava. Olhando para Jesus, os exercícios de contemplação desembocam amiúde, seja qual for a cena contemplada, em uma experiência, sentida e saboreada, de amor e de confiança, de fascinação, de dons e agradecimento.

Além do mais, sempre há um *proveito* seguro no exercício da contemplação. *Olhar* e voltar a *olhar* para o que Jesus *traz dentro de si*, seus sentimentos mais profundos e permanentes, o que o caracteriza e resulta imprescindível intuir para conhecê-lo bem, de algum modo vai desencadeando na alma o desejo crescente de *conhecer internamente* a Jesus, e não se deter até chegar a adivinhar suas reações previsíveis em circunstâncias distintas das que se relatam no Evangelho. O que Jesus faria se estivesse hoje aqui em meu lugar?

Com toda a normalidade, as contemplações da vida de Jesus desembocam no discernimento, assim como em seu desfecho esperado. Elas o tornam possível e previsível. Ambos os elementos, contemplação e discernimento, se condicionam e se reclamam mutuamente. Com efeito, o exercitante contempla os mistérios da vida de Cristo "para mais amá-lo e segui-lo" [EE 104]; e, por sua vez, o discernimento se realiza, sempre e só, "juntamente contemplando a vida de Jesus" [EE 135].

Santo Inácio consegue unir indissoluvelmente contemplação e discernimento. Nunca devem se separar. Como sobre dois trilhos paralelos, deslizam sabiamente sobre eles o processo de oração dos Exercícios e a própria espiritualidade inaciana.

A repetição inaciana

Em um programa tão elaborado e preciso como o que Santo Inácio propõe ao que faz os Exercícios, não pode deixar de chamar-lhe a atenção a proposta reiterada de uma *repetição dos exercícios anteriores*. Entretanto, o criador do método o propõe com esse nome em cada uma das quatro semanas do processo, de tal modo que, em conjunto, a *repetição* ocupa quase a metade das propostas de oração dos Exercícios completos. O que Santo Inácio está indicando com isso[6]?

Para ele, a *repetição dos exercícios anteriores* não significa refazê-los, nem simplesmente voltar a tentar tirar água do mesmo poço, mas deter-se no ponto em que um exame sobre o exercício anterior lhe revela a passagem de um sentimento profundo ou de maior satisfação espiritual. Dever-se-ia descrevê-lo, então, como um voltar a reposicionar o orante ali, e somente ali, onde já encontrou uma veia de sentimentos espirituais profundos.

Um recurso para acentuar o afetivo

Por si mesmo, *repetir* já é um recurso para dar mais espaço ao afetivo. Todo aquele que regressa a um lugar conhecido sabe disso: relê um livro, volta a saborear uma paisagem, reencontra uma pessoa ou rememora um álbum de acontecimentos. É fácil constatar que nas primeiras abordagens a qualquer nova realidade domina a ideia, enquanto o sentimento é o dono e senhor das repetições e revisões.

Do mesmo modo, na primeira consideração de uma verdade podem abundar as belas ideias, inclusive sem consequências práticas. Em vez disso, na segunda e nas seguintes afloram por fim os sentimentos profundos, que sempre são transformadores da vida. Por si só, este argumento já aconselharia o exercitante a fazer amplo uso da *repetição* que pretende *ordenar sua vida*.

---

6   Estas páginas são extraídas de meu artigo mais amplo "La repetición y el resumen", *Manresa* 81, 2009, 167-173. Cf. também S. Arzubialde, SJ, *Ejercicios Espirituales de San Ignacio. Historia y análisis,* Bilbao/Santander, Mensajero/Sal Terrae, 1991, 161-168; e C. García Hirschfeld, SJ, Repetición, em Gei (ed.), *Diccionario de Espiritualidad Ignaciana,* op. cit., 1.567-1.570.

Mas a proposta desse modo de oração nos Exercícios é ainda mais concreta. O que se propõe é retomar a oração ali onde se *sentiu* algo, como resgatar essa parcela orada de tudo anteriormente por meio do entendimento ou dos sentidos. Assim como as pepitas de ouro ficam como tesouro a se guardar quando a peneira filtrou uma boa porção de terra, também Santo Inácio parece recomendar que nada se perca do que pode transformar-nos a vida.

O conselho é especialmente válido para os que parecem condicionados a uma forma de oração demasiado racional. Mas é igualmente conveniente para todos nos Exercícios. O núcleo da oração está nos *afetos*, nos sentimentos profundos – "sentir a história" [EE 2] –, e nenhum processo de oração termina enquanto não se chega a eles. Como não utilizar todos os meios a nosso alcance para alcançar esse fim?

A proposta de Santo Inácio é que, uma vez *notada* a presença de *afetos* naquilo que *já orou*, se rememore o momento e se *detenha* neles. Em parte porque, assim, o afetivo ocupa seu lugar e se consolida. E em parte também porque o exercitante tem de inteirar-se com reverência de que está diante do presente mais excepcional do Senhor.

Repetir do modo inaciano é voltar e retornar à fonte que sempre jorra cheia de dádivas, "mesmo que seja de noite". Não por ânsia de voltar ao mesmo lugar, mas por desejo de acudir a seu encontro. É ir além, para poder voltar modificado, olhando então as coisas de outra maneira. É o desvelar deliberado e consciente de uma presença que se faz notar. Que é evidente "que estava aí, embora eu não o soubesse".

Em um primeiro momento, pode-se estranhar a afirmação inaciana de apresentar *consolações* e *desolações* como lugares indicativos, quase a par da passagem de Deus pelo coração do exercitante [EE 62]. Realmente, isso não é mais que um eco, perfeitamente coerente, do valor pedagógico que Santo Inácio reconhece para a *desolação* em seus conselhos de discernimento. Com efeito, também a *desolação* fala de Deus, e sem ela não seria facilmente reconhecível sua ação permanente em nós [EE 322]. O que não impede que, a princípio e de um jeito normal, seja na *consolação* que o exercitante possa encontrar primeiro a presença nova e reconfortante que o *afeta*. Forçar as coisas de outra maneira às vezes pode resultar contraproducente para aquele que busca como fazer a *repetição* daquilo que orou antes.

Um requisito indispensável para "fazer memória" logo

Todos nós acabamos conscientes de que somente aquilo que se ama ou se desfruta na vida se recorda bem depois e segue sendo motor de nossos atos, inclusive quando há uma mudança radical de circunstâncias. Tão certo é que o amor e a satisfação na vida estão vinculados inseparavelmente à memória como comprovar que o desamor e o tédio arrastam inevitavelmente ao esquecimento. É grande verdade que, de algum modo, somos o que deixamos que ficasse gravado afetivamente com força em nossa memória. Mais cedo ou mais tarde, o afetivo se faz sempre efetivo. Multidão de experiências humanas o confirmam universalmente.

Assim ocorre também em nossa relação com Deus. É importante arquivar profundamente e com alegria seus momentos de presença – "as consolações" – para então poder *fazer memória* oportuna de sua passagem. Recordar o que temos vivido com Deus, ou o que marcou positiva e afetivamente em nossa vida, é garantia de posterior seriedade e verdade. O bem arquivado sobre Deus na memória nos constitui como pessoas íntegras e coerentes, e é o que permite ver surgir depois – apesar de nossas fraquezas – a fortaleza na prova e a constância em sua busca.

É claro que este proveito deriva também das *repetições* que Santo Inácio recomenda. Quando interiorizamos os *sentimentos* e os *gostos espirituais,* notados e sentidos em cada exercício de oração, facilitamos seu arquivo correto na profundidade da alma. Ficam então definitivamente acessíveis, para logo poder *fazer memória* deles. Nenhuma outra operação poderia resultar mais eficaz para o crente.

Fazer memória é recordar os benefícios recebidos do Senhor uma e outra vez ao longo da vida, mas de um modo especial na *noite* que os torna obscuros e os faz mais opacos. É imitar Maria, a mãe de Jesus, não somente em Nazaré (Lc 2,19.51), mas também quando soube conservar a esperança no longo *silêncio de Deus* no Sábado

Santo. É poder dizer, como Paulo na noite, "sei em quem acreditei" (2Tm 1,12), porque a memória de sua presença segue firme.

Fazer memória profunda dos benefícios recebidos ao longo de nossa vida constrói e torna possível a esperança na prova e mantém a confiança no presenteador, que antes se manifestou neles com tanta força e plenitude. Em suma, quando chega a *noite* ou *o silêncio de Deus, ter feito memória* do antes recebido é o que nos permite não desistir na confiança desencadeada e consolidada por uma série de experiências inolvidáveis que o coração conserva.

Contudo, *fazer memória* é também consolidar e guardar a todo momento a alegria e a paz que nos chegaram com a *consolação*. É permitir, para além das circunstâncias externas, que essa alegria invada e impulsione para fora, para a comunicação e o contágio de todos os que estão próximos, porque sua operacionalidade continua ativa na alma quando nada de sua força real se deixa perder. Então se faz plenamente eficaz a lembrança do tesouro escondido na memória, e aquele que ora pode incorporar este novo agradecimento à sua longa relação de benefícios recebidos.

Pelo menos, Santo Inácio buscou todos esses frutos para o exercitante ao propor-lhe com tanta insistência, diariamente, desde a Primeira até a Quarta Semana, *a repetição dos exercícios anteriores*. Não pareceria muito lógico renunciar a ela quando se descobre que lhe foi reservado o papel de reforçar e aproveitar melhor todo o recebido como dádiva na oração.

"Aplicar os sentidos" à oração

Santo Inácio tampouco desconhece a veleidade e a instabilidade de muitos compromissos humanos quando só dependem da carga afetiva ou emotiva que assumem em cada momento. Embora reconheça que a afetividade é o apoio fundamental das decisões humanas, por si só não é suficiente para assegurar sua consistência posterior. Ao contrário do sinceramente almejado e desejado, sua firmeza se desvanece quando outras resistências internas se opõem ou até mesmo a contradizem. Somente se ama e se deseja duradouramente o que conseguimos, e o que os atraia e apeteça; e só se rechaça verdadeiramente o que se tornou realmente aborrecível para nós[7].

Daí Santo Inácio propor que a sensibilidade seja chamada à oração, porque não pode *ficar solta,* receptiva a outros *cantos de sereia* alheios à decisão tomada pelo afeto e pela razão. Deve, pelo contrário, "obedecer e estar sujeita a eles" [EE 87]. Por isso, propõe para o final de cada dia dos Exercícios o "passar ou trazer os sentidos" à oração, com a intenção de "imprimir na alma as contemplações feitas nesse dia"[8].

O seguimento de Jesus só se completa e se garante quando educamos nossa sensibilidade a ele. Isto é, passa por assimilar seu modo de ser e de sentir, de vibrar com tudo aquilo que o fazia vibrar; aborrecer-se com tudo aquilo que o aborrecia, ou seja, reagir diante da realidade e das pessoas do mesmo modo como ele reagia. Os Exercícios se apresentam como uma aprendizagem e um aprofundamento deste *sentir* de Jesus. Trata-se de um querer ter sempre – na expressão de Paulo (Fl 2,5) – "os mesmos sentimentos de Cristo Jesus", porque o exercitante deseja *segui-lo e imitá-lo* em tudo.

"As portas dos sentidos"

A imagem – bem expressiva – é do próprio Santo Inácio, que a emprega para se ter em conta o papel dos sentidos na manifestação do homem interior para o exterior e na maneira de filtrar a percepção externa para o interior[9]. Com efeito, os sentidos são uma passagem de dupla direção: por uma parte, captam e deixam passar os

---

7   Cf. meu artigo mais amplo Sentidos y sensibilidad en los Ejercicios, *Manresa* 80, 2008, 47-60; também J. MELLONI, SJ, "Sentir", em GEI (ed.), *Diccionario de Espiritualidad Ignaciana,* op. cit., 1.631-1.636.
8   Este esclarecimento aparece na tradução latina dos Exercícios, conhecida como Vulgata, n. 227.
9   "Tenham todos especial cuidado em guardar de toda desordem, com muita diligência, as portas dos sentidos, em especial os olhos, os ouvidos e a língua, e em se manter na paz e verdadeira humildade interior. Deem delas mostras no silêncio, quando se deve guardar, e, quando se deve falar, na ponderação e edificação das palavras, na modéstia do rosto, na gravidade no andar e em todos os gestos, sem sinal algum de impaciência ou soberba" [Const. 250].

estímulos que recebem da realidade; por outra, refletem muito expressivamente o modo no qual ficaram arquivadas estas percepções no coração.

Com a expressão "educação da sensibilidade", aponta-se diretamente para esta segunda consideração dos sentidos corporais como reflexo do nosso interior. Isto é, a esse *plus de humanidade que sai de dentro* e permite que os cinco sentidos não se limitem só a ver, ouvir, sentir o cheiro, saborear e tocar – que podem ser respostas meramente mecânicas –, mas que aprendam ademais a *olhar, escutar, saborear, acariciar e beijar.*

Nascemos com olhos, mas não com olhar, temos ouvidos, sim, mas a única coisa que acabamos ouvindo muitas vezes é que não sabemos escutar. Podemos cheirar e gostar das coisas, mas nem sempre somos capazes de desfrutar e saborear a vida. Tocamos e talvez abraçamos a outros, mas, quantas vezes nosso toque não chega a ser carícia nem beijo...!

A quaisquer destas realidades podemos chamá-las com propriedade de *sentidos espirituais*, porque o são quando manifestam a sensibilidade espiritual que podemos trazer dentro de nós. Santo Inácio não encontra melhor meio para fomentá-la do que imitar a Cristo nosso Senhor e a Nossa Senhora [EE 248] em seu uso:

> Aquele que no uso de seus sentidos quer imitar a Jesus Cristo Nosso Senhor, encomendar-se-á na oração preparatória à sua divina Majestade. Depois de se ter examinado sobre cada um dos sentidos, dirá uma *Ave-Maria* ou um *Pai-Nosso*. E o que no uso de seus sentidos deseja imitar a Nossa Senhora, pedir-lhe-á na oração preparatória que lhe obtenha esta graça de seu divino Filho e Senhor. E depois do exame de cada um sentido, recitará uma *Ave-Maria.*

Com efeito, o grande presente transformador para o exercitante vai ser precisamente *conhecer e sentir* como Jesus – ou também como Nossa Senhora – olharia e escutaria, e em que tom falariam às pessoas que os acercavam. Mediante nossos sentidos, o mundo de Jesus entra imaginativamente em nossa intimidade, e por meio deles respondemos também à realidade de um modo novo. Buscando e desejando a identificação com Jesus, nossos sentidos aprendem dele a ter carícia, olhar, escuta e sabor[10].

Por isso, podemos dizer que, "para o que faz os Exercícios, a realidade não muda, mas a maneira de a olhar". O exercitante que deseja imitar também *no uso de seus sentidos* a Jesus, que tantas vezes *sentiu pena* dos últimos e dos perdidos (Mc 6,34), aprende como Ele a *viver com compaixão*[11]. Quando, ao contrário, não encontramos sensivelmente com Jesus, e com ele a Deus, nossos sentidos passeiam vazios e sem bússola pelo mundo, como afundados na noite[12]. A transformação do afeto acontece então de modo mais problemático e instável.

A "aplicação dos sentidos" nos Exercícios

Embora a expressão nunca apareça em Santo Inácio, com ela nos referimos *à educação da sensibilidade*, a que ele destina um exercício todos os dias ao anoitecer. Pensa ele que, então, se dão as melhores condições para aceder sensivelmente à intimidade da pessoa de Jesus. A identificação com o Senhor, pedida e repetida desde o primeiro exercício da manhã, e muito carregada de afeto em todo momento, torna-se agora mais sensível. E, com isso, afetivamente mais estável. É muito útil – "aproveita" diz santo Inácio – uma maior exaustividade no uso dos sentidos sobre a história contemplada. Portanto, não se trata somente de ver e ouvir a cena com olhos e ouvidos imaginativos, ou inclusive de *olhar* com todo o afeto possível "o que estão fazendo as pessoas" que se contemplam. Agora, se implicam na ação, imaginativamente, todos os demais sentidos corporais, para buscar "sentir e saborear a suavidade e doçura" das pessoas e "abraçar e beijar" os lugares por onde "pisam e se assentam" [EE 121-124].

---

10 B. González Buelta, SJ. Ver o perecer, em *Mística de ojos abiertos*, Santander, Sal Terrae, 2006, 180.
11 Com essa expressão, J. A. Pagola define a característica de Jesus em sua obra *Jesus. Aproximación histórica*, Madrid, PPC, 2007, 127-151 e 465-467.
12 B. González Buelta, op. cit., 67.

Postos na presença de Jesus ou de Nossa Senhora, pede-se à imaginação que, "sem divagar, discorra assiduamente" [EE 64] pelo que nos contam os evangelistas sobre o *olhar* de Jesus diante dos acontecimentos e das pessoas que em sua vida teve diante de si. Com qual expressão ele receberia os apoios amistosos e os contratempos, os louvores e as impertinências, o descaso e as ameaças? Quais notas os evangelistas recolheram sobre seu *olhar* a amigos e a inimigos, seguidores e opositores, sinceros e falsos, marginalizados e poderosos, pecadores e respeitáveis? Que mensagem poderiam ler uns e outros naqueles olhos que se fixavam neles? O que haveria de comum em seu olhar enquanto falava às pessoas mansamente desde uma barca, nas margens do lago, ou em seu último dia sofrendo numa cruz? Ou quando lhes falava do Pai a seus discípulos?

Do mesmo modo, considerar a Jesus *escutando* aos que ninguém escutara antes. Como se retiravam aqueles aos quais Jesus *escutara* sem pressa as desgraças de seu parente enfermo? Como pôde inteirar-se da petição de Zaqueu, que nada se atrevera a dizer do alto da árvore em que trepara? O que escutou realmente de Pedro quando na Última Ceia se mostrou diante de todos tão orgulhoso e presunçoso?

Considerar também sua maneira de *saborear* a vida, a "curta vida que o Pai lhe deu", e sua maneira de transmitir *afeto e carinho*, interesse pelos que o tocavam e a quem ele tocou e proximidade a eles. De fato, fez sentir aos seus que sua existência tinha sido a passagem de um coração misericordioso para suas vidas. "Passou fazendo o bem", Pedro sintetizou depois (At 10,38).

Considerar, por fim, a *suavidade* de uma personalidade sem arestas, um Jesus livre de amor-próprio e de qualquer tipo de medo paralisador, quando se apresentava a pregar no templo ou respondia diante do tribunal dos que podiam tirar-lhe a vida. Não parecia guardar rancor pelas ofensas dos fariseus e de nenhum dos saduceus, nem se sentir condoído pelas pequenezas humanas de Pedro, Felipe e dos mais próximos (Jo 13,38; 14,9). Seus discípulos o ouviram falar sempre do Pai e anunciar seu Reino sem buscar-se a si mesmo (Lc 9,50).

Há muita sensibilidade distinta da nossa no dia a dia de Jesus. Mas a *comparação* com ele não está destinada a deixar-nos na mais mínima frustração, mas a estimular e a orientar nossos desejos. O acerto de Santo Inácio está em ter compreendido a eficácia deste exercício educador dos sentidos, para depois "encontrar a Deus em todas as coisas" [Autob. 99] e "sair do próprio amor, querer e interesse" [EE 189]. Muitas vezes, para quem ora, este exercício se converte na petição central de sua vida. Nenhum outro presente do Senhor terá mais consequências práticas em sua atuação cotidiana. Nenhum outro o transformará mais. Por isso, nenhuma outra petição é mais definitiva.

Ademais de vivê-la até o final, Pedro Arrupe a formulou preciosamente assim:

> Dá-me, sobretudo, o *sensus Christi* que Paulo possuía: que eu possa sentir com teus sentimentos os sentimentos do teu coração com que amavas o Pai e os seres humanos.
> Ensina-me teu modo de tratar com os discípulos, com os pecadores, com as crianças, com os fariseus, ou com Pilatos e Herodes. Comunica-me a delicadeza com que trataste a teus discípulos no lago de Tiberíades preparando-lhes algo para comer ou quando lhes lavaste os pés. Que eu aprenda de ti, como fez Santo Inácio, teu modo de comer e beber; como tomavas parte nos banquetes; como te comportavas quando tinhas fome e sede, quando sentias cansaço depois das caminhadas apostólicas, quando tinhas de repousar e dar tempo ao sono.
> Ensina-me a ser compassivo com os que sofrem; com os pobres, com os leprosos, com os cegos, com os paralíticos.
> Ensina-me teu modo de olhar, como olhaste a Pedro para chamá-lo ou para levantá-lo; ou como olhaste ao jovem rico que não se decidiu a seguir-te; ou como olhaste bondoso para as multidões lotadas ao redor de ti; ou com ira quando teus olhos se fixavam nos insinceros. Aprendamos de ti nas coisas grandes e nas pequenas, seguindo teu exemplo de total entrega de amar ao Pai e aos homens.
> Dá-nos essa graça, dá-nos o *sensus Christi,* que vivifique nossa vida toda e nos ensine – inclusive nas coisas exteriores – a proceder conforme a teu espírito[13].

---

13 PEDRO ARRUPE, *El modo nuestro de proceder* (18 jan. 1979), n. 56. Cf. o texto completo e a leitura mais acessível em D. MOLLÁ (ed.), *Pedro Arrupe, Carisma de Ignacio*, Bilbao/Santander/Madrid, Mensajero/Sal Terrae/UP Comillas, 2015, n. 55 da Colección Manresa, 227-232.

CAPÍTULO 2

O início dos Exercícios

A conversa introdutória dos Exercícios

É indiscutível que a introdução com a qual se iniciam os Exercícios é um momento de importância capital para orientar o tom espiritual do exercitante. Por isso, tampouco a ninguém causa estranheza o fato de que os conselhos dos primeiros que davam Exercícios – tal como os deixaram escritos em seus Diretórios[1] – tenham reservado uma orientação explícita sobre a *conversa introdutória* no início deles, embora seja verdade que então essa pudesse durar vários dias prévios à experiência, que agora limitamos à primeira noite do retiro. Em qualquer caso, aquele que dá os Exercícios não pode deixar de valorizá-la e de protegê-la.

Três são as recomendações fundamentais que se repetem desde o Diretório do P. Vitória. A primeira é explicar – hoje diríamos lembrar – os *elementos constitutivos* dos Exercícios inacianos. A segunda é insistir na *atitude* com que o exercitante deve iniciá-los. E a terceira é descrever a *perspectiva básica* na qual devem situar-se o que os dá e o que os recebe. Na ordem, e com as palavras que julguem mais oportunas, as três devem ser lembradas na conversa introdutória.

---

1   Os Diretórios são conjuntos de explicações sobre os Exercícios e conselhos práticos para dá-los bem que foram escritos no começo de sua primeira difusão. Os mais antigos foram ditados oralmente pelo próprio Santo Inácio ou recebidos diretamente dele. À sua morte, foram sendo escritos diretórios maiores e exaustivos, por encargo do padre geral Claudio Acquaviva, até que em 1599 se redigiu e foi publicado o *Diretório Oficial (D.O.)*. Cf. a recompilação completa em Miguel Lop, SJ, *Los Directorios de Ejercicios (1540-1599)*, Bilbao/Santander, Mensajero/Sal Terrae, 2000.

As peças do método

Para explicar o específico de seu método, Santo Inácio situou no princípio dos Exercícios o que chamou de Anotações, incluindo o título que colocou no livro e um *Pressuposto* [EE 1-22]. Como as primeiras dessas anotações são as que explicitam o mais próprio do método, não é de estranhar que em seu *Diretório autógrafo* Santo Inácio peça expressamente que sejam apresentadas no início ao exercitante, porque "podem mais ajudar que o contrário".

O exercitante deve inteirar-se – ou lembrar-se de novo – que o afetivo é o elemento fundamental do método [EE 2, 3 e 6], que a escuta de Deus tem de se fazer com serenidade e paz, sem angústias [EE 7, 17 e 18], e que o trabalho que se demanda deve limitar-se a pôr todo cuidado em se dedicar somente em fazer Exercícios e em viver cada momento deles no presente, "como se nada de bom esperasse encontrar" [EE 4, 11 e 20].

Este lembrete das características gerais do método inaciano permite ao que dá os Exercícios argumentar diante dos exercitantes como serão o horário dos *pontos*, as entrevistas e as instruções dos dias seguintes.

A atitude imprescindível para fazer os Exercícios

Desde os Diretórios escritos ou ditados pelo próprio Santo Inácio, a unanimidade é absoluta em sublinhar a partir do primeiro momento dos Exercícios a Anotação 5ª: "A quem recebe os Exercícios, muito aproveita entrar neles com grande ânimo e generosidade para com seu Criador e Senhor" [EE 5]. Nenhuma razão haveria para deixar de lembrá-la em cada ocasião na conversa introdutória.

As expressões que se repetem nos Diretórios para este momento inicial são diversas e claras: "procure com todo empenho entrar dentro de si" (Doménech); "lembre-se de trazer grande ânimo e de se oferecer inteiramente ao Senhor" (Canísio); "com quanto maior desejo e ânimo de aproveitar em espírito comece os Exercícios, tanto mais frutos obterá deles" (Miró). Alguns, como Vitória e Miró, aconselham ao exercitante confessar e comungar antes de iniciar os Exercícios, "para que os comece com ânimo mais disposto e inflamado".

Não se vai aos Exercícios para escutar *coisas boas,* tampouco para rezar uns dias em um ambiente mais piedoso que de costume, mas para colocar-nos inteiros diante de Deus. Isso somente se pode fazer desde nosso mais profundo porão, com nossos desejos, medos, dúvidas e perplexidades, e com a *atitude* deliberada e almejada de absoluta confiança nele. Convém, portanto, recordar ao exercitante, na conversa introdutória, que todos os frutos dos Exercícios se jogam aqui. Se antes não trazia essa *atitude*, deve colocá-la em marcha nesse momento.

A perspectiva básica

O enfoque básico dos Exercícios está perfeitamente expresso na Anotação 15ª:

> Dado que em tais Exercícios é mais conveniente e muito melhor que o mesmo Criador e Senhor se comunique à pessoa espiritual, abraçando-a em seu amor e louvor [...] aquele que dá os Exercícios deixe de imediato – isto é, sem mediações humanas determinantes – o Criador agir com a criatura, e a criatura com seu Criador e Senhor [EE 15].

Desde o começo do processo, o exercitante deve saber que o que lhe dá os Exercícios não é um pregador, nem um orientador espiritual, nem um *guru*, mas um mero acompanhante que o guiará em seu caminho pessoal de encontro com Deus. O protagonismo absoluto da conversa entre amigos que se estabelece nos Exercícios é dele e somente dele.

Muitas más interpretações posteriores se eliminam com a apresentação inicial dessa *perspectiva básica*. Provavelmente, a diferença mais substancial e carregada de consequências importantes, entre quaisquer outras legítimas experiências de Exercícios e os Exercícios inacianos propriamente ditos, é esta. Convém ressaltá-la para o exercitante no início do processo, para que ele consequentemente se situe.

Textos bíblicos para a conversa introdutória

Para acompanhar a conversa introdutória, podem ajudar, em primeiro lugar, alguns versículos da Escritura que nos conectam com os elementos constitutivos dos Exercícios: a iniciativa de Deus, que se aproxima do ser humano, e o aspecto pessoal e de intimidade (afetivo) desse encontro: "por isso vou seduzi-la; vou levá-la ao deserto e lhe falarei ao coração" (Os 2,16); ou "eis que estou à porta e bato. Se alguém ouvir a minha voz e me abrir a porta, entrarei em sua casa e tomarei refeição com ele, e ele comigo" (Ap 3,20).

A fim de combater uma possível ansiedade e a precipitação, e para animar a viver o presente ao longo da experiência que nos dispomos a começar, podemos recordar que, "para o Senhor, um dia é como mil anos, e mil anos, como um dia" (2Pd 3,8), e pedir simplesmente o dom de nosso pão cotidiano e de não nos abatermos com o amanhã (cf. Mt 6,11.34). Ao mesmo tempo, pode-se recorrer a distintos salmos, lugares clássicos para expressar o desejo de Deus: "Buscai a minha face. Sim, a tua face, Senhor, eu busco. Não afastes o teu rosto" (27,8-9); "Como a corça anseia pelas fontes das águas, assim anseia minha alma por ti, ó Deus; minha alma tem sede de Deus, do Deus vivo" (42,2-3); "Ó Deus, tu és o meu Deus, desde a aurora eu te busco. Minha alma tem sede de ti; por ti deseja minha carne, numa terra deserta, seca, sem água" (63,2).

Há também outros textos mais amplos cuja consideração pode guiar o exercitante a adaptar a atitude necessária e imprescindível, inspirando-se nos modelos que contempla. Em primeiro lugar, o chamado de Deus a Samuel: chamado pessoal, e ao mesmo tempo acompanhado por Elí, que convida a se dispor à escuta do Deus que não deixa de chamar até que seja atendido: "Fala, Senhor, teu servo escuta" (1Sm 3,1-10). Também a visita do profeta Jeremias à casa do oleiro em que este trabalha o barro até que molde bem o vaso, o que nos lembra que, da mesma maneira, estamos nós nas mãos de Deus (Jr 18,1-6). Por último, o episódio da sarça ardente em meio à qual Deus chama a Moisés, pois os Exercícios são esse espaço (e tempo) sagrado em que nos convida a nos descalçar para nos encontrarmos com Deus (Ex 3,1-6). A iniciativa é sempre de Deus, e o convite é para nos colocarmos inteiros diante dele com a atitude adequada: dispostos a escutar (Samuel) e nos deixarmos moldar (Jeremias), para que Deus possa servir-se de nós (Moisés) [EE 5].

Nessa linha do Novo Testamento, talvez seja o texto da Anunciação o mais indicado como recurso para se preparar a fim de iniciar o caminho dos Exercícios (Lc 1,26-38). Fala-nos, mediante a experiência de Maria, do Deus que sai ao encontro de cada pessoa com uma Boa-Nova e nos convida a abrir-nos a seu sonho sobre nós.

No início, o relato nos oferece três dados muito precisos: no sexto mês, Nazaré, um povoado da Galileia; e Maria, uma virgem noiva de José, da casa de Davi. Deus se comunica sempre de uma maneira concreta: em um momento e em um lugar determinados, se dirige a alguém. É algo único, pessoal. Por sua parte, Maria permite que o anjo entre em sua vida e acolhe a iniciativa de Deus, que lhe traz uma boa notícia, "alegra-te", e que lhe revela algo novo, "cheia de graça, o Senhor está contigo". Ao temor e à perplexidade, sempre possíveis, responde a confirmação do anjo, "não temas", e a oferta de seu sonho para ela. No diálogo seguinte, Maria aparece, diferentemente de Zacarias, centrada em Deus mais que em si mesma. Sua pergunta "como será?" contrasta com a daquele, "como conhecerei?". Por isso, não só não fica muda (como Zacarias), mas escuta a promessa do Espírito e o convite à confiança. Maria acolhe plenamente o que lhe é dado e oferece sua total disponibilidade "faça-se segundo tua palavra", que antecipa a oração de Jesus no horto (Lc 22,42). Surpreende que Maria seja o cento do relato dentro de uma sociedade patriarcal, e que que Jesus receba a legitimidade davídica mediante José. Ademais, é jovem (uma mulher entrava na idade de se casar a partir dos 12 anos) e não desempenha nenhum cargo. Tampouco a experiência se dá em um lugar sagrado. Mulher, jovem e pobre. Portanto, que seja cheia de graça e tenha o favor de Deus nos mostra como Deus atua: escolhe a finitude e a insignificância para levar adiante seu plano, e desafia nossos esquemas preconcebidos.

No caminho dos Exercícios, a iniciativa sempre pertence a Deus, que vem a nós e nos oferece a alegria de sua companhia e um projeto. Maria emerge, na tradição das mulheres fortes da Bíblia, como modelo de acolhida, de diálogo e disponibilidade, convidando-nos ao início do processo para nos somar à bem-aventurança da fé: "Bem-aventurada aquela que acreditou" (Lc 1,45).

Por sua parte, para iluminar o que deve ser a abordagem básica da relação entre o que dá os Exercícios e o que os recebe, resulta de ajuda a figura de João Batista e sua relação com Jesus. Efetivamente, quem acompanha os Exercícios não é um *guru* nem está chamado a ser a referência principal. Assim, João Batista, precursor de Jesus, o indica entre os homens, mas não pretende sequer fazer-lhe sombra. João afirma com clareza: "Eu não sou o Cristo, mas fui enviado à frente dele". João é o amigo do noivo que se alegra com sua voz e conclui: "convém que Ele cresça e que eu diminua" (Jo 3,28-30).

De modo semelhante, quem dá os Exercícios não ocupa o lugar de Deus. Praticar os Exercícios é entrar em uma forma concreta de relação – tal como a experimentou e nos legou Santo Inácio de Loyola – com Deus, nosso Senhor. Sua Palavra é a única que se deve escutar. Outras palavras, somente e na medida em que nos ajudem a escutar e a discernir a Palavra. O fim buscado por Santo Inácio é que Deus cresça no exercitante mediante o trato imediato e pessoal [EE 15]. Quem dá os Exercícios, como todo bom mentor, é convidado a se ocultar e a ficar em um segundo plano. Sua função é indicar modo e ordem e acompanhar a experiência e o discernimento, mas nunca substituir nem ao exercitante em sua tomada de decisões, muito menos ao Senhor em seu suscitar moções.

Diretório breve sobre o Princípio e o Fundamento

Salta à vista que o Princípio e o Fundamento [EE 23] não estejam propostos por Santo Inácio como exercícios de oração, pois não os apresenta com oração preparatória, preâmbulos ou colóquio, como são apresentados os demais exercícios das Quatro Semanas. Parece mais um parágrafo conciso de verdades de fé que o pensamento do crente não põe em dúvida, e que a seu coração lhe parece decisivo recordar no início da experiência.

Por ter desorientado bastante, esse parágrafo é excepcional para muitos dos que dão Exercícios. Sobre ele escreveram-se estudos esclarecedores muito bons, mas a resposta sobre como apresentá-lo fica ao arbítrio de quem dá os Exercícios. Para acertar, este não deve esquecer que os Diretórios o apresentam estreitamente relacionado com a Anotação 5ª, em que se pede ao exercitante iniciá-los "com grande ânimo e liberalidade com seu Criador e Senhor" [EE 5], disposição recomendada como o melhor conselho para desbloquear o próprio egoísmo e para pôr em movimento a experiência pretendida de orar a própria vida[2].

É bom recordar que Santo Inácio concedia à exposição do princípio e do fundamento unicamente a manhã do primeiro dia do mês de Exercícios, ou inclusive – segundo um dos Diretórios de Polanco – nada mais que a primeira hora dessa manhã. Essa brevidade estava justificada pela amplidão das conversas prévias mantidas com o exercitante. A reflexão com a qual convenceu Xavier – "O que aproveita ao homem ganhar o mundo inteiro se perde sua alma?" – ou a insistência com Fabro, durante quatro anos, para ampliar sua imagem muito estreita de Deus estão subjacentes às palavras desse parágrafo tão sóbrio.

Nele se descobre também um índice dos temas a serem tratados face a face com Deus. Um amplo temário que pode ser reduzido a dois capítulos: o reconhecimento sereno da própria desordem e a abertura ao sonho de Deus sobre mim. São as razões do exercitante para fazer os Exercícios e o eco antecipado das meditações que se farão depois na Primeira Semana e no *quarto dia* da Segunda Semana.

O aconselhável é apresentar este lembrete inicial na extensão de onda que chega ao coração. Com efeito, desde o Princípio e o Fundamento e as Anotações, os Exercícios precisam pôr o exercitante diante de uma imagem ampla e generosa de Deus, que busca "abraçar sua alma devota" [EE 16] e que *olha* benévolo ao exercitante antes mesmo que esse comece cada exercício de oração [EE 75]. Santo Inácio anima fortemente "a buscar e a desejar o que mais nos conduz a Ele" [EE 23].

Reconhecer a própria desordem

Diante de um Deus assim, é fácil diagnosticar e reconhecer a própria desordem. Frequentemente essa nasce por tomarmos os meios como

---

2 Cf. a apresentação completa e exaustiva de E. Royón, SJ, Princípio e Fundamento, em Gei (ed.), *Diccionario de Espiritualidad Ignaciana*, op. cit., 1.490-1.497.

fins; por não usarmos aqueles "tanto quanto nos servem para o fim último"; às vezes, por não passarmos e, às vezes, por não chegarmos; por mais de uma vez perdermos a liberdade ao absolutizá-los. Saúde, dinheiro, êxito, qualidades reconhecidas, a defesa da própria imagem, a ânsia por estender nossos anos de vida... a nenhuma dessas coisas podemos nos atar quando sequer as labutas por não as perder as conservam, tampouco nos aportam a segurança que nos prometem. Que sentido tem, então, viver pendente dessas expectativas? Nenhuma delas pode se apresentar como "o fim para o qual fomos criados".

Por isso, Santo Inácio anuncia desde o início que "é mister relativizar todas as coisas que não são de Deus" para poder se apaixonar somente por Deus. O conceito inaciano da *indiferença* – embora ele nunca utilize essa palavra – traduz-se perfeitamente em um "O que me falta?", quando se deve renunciar a algo que não é o principal. No princípio e no fundamento somente se propõe abrir-se a essa possibilidade, que depois o exercitante pedirá reiteradamente, no centro da Segunda Semana, a Nossa Senhora, ao Filho e ao Pai.

E então? Se perdemos a saúde, ou se o corpo se debilita, ou se as forças físicas ficaram mais para o ontem do que para o presente. E então? Se as qualidades que alguém tem não são as mais brilhantes, destacadas ou reconhecidas no entorno. E então? Se alguém está longe de ser protagonista exitoso ou o mais aplaudido onde trabalha e vive. E então? Se os próprios erros ou torpezas, mal perdoados pelos demais, jogaram por terra a imagem de si mesmo que alguém quis defender. E então? Se as possibilidades econômicas, profissionais ou sociais a nosso alcance não são tão maravilhosas quanto poderiam ter sido. E então? E então?

Acima desses estímulos na vida está a sabedoria de ter encontrado o sentido pelo qual alguém vive, a satisfação de saber-se valioso para aquele que nos deu o ser e nos espera para completá-lo; a grandeza da própria liberdade que se descobre potenciadora fecunda de outras liberdades e existências; o descobrimento profundo de um tu vivo e maior que a si mesmo.

A apresentação do princípio e do fundamento deve nos levar a pedir repetidamente que Deus se faça presente no mais profundo de nossa pessoa. Com frequência, esta disposição humilde de ânimo se fomenta comentando com Deus o álbum de fotos de nossa vida e os medos e fantasmas que sem querer, mas demasiado amiúde, nos bloqueiam. Os Exercícios começam bem quando colocam desde o princípio o *eu pequeno e verdadeiro* diante do Deus grandioso que nos está esperando. Santo Inácio chamava a isso de "o fundamento", e o recordará depois, no início de cada exercício de oração, como "oração preparatória" [EE 46].

Textos bíblicos para o Princípio e o Fundamento

A princípio, o profeta Isaías pode ajudar-nos mediante algumas passagens do chamado *Livro da consolação* (Is 40–55) que recriam e renovam a relação com Deus, que a percebem com olhos novos a partir da perspectiva do Deus que nos valoriza e nos ama, que ampliam a imagem que temos dele. São imagens muito belas, nas quais apenas necessitamos nos inserir, pois nada pode substituir o contato direto com os próprios textos. Concretamente, nos referimos a três passagens, mas poderiam ser muitas outras:

– Is 41,8-20: Deus está próximo de Israel, o escolheu e o prefere, o ajuda e o convida a não temer: "Eu te seguro pela mão [...] não temas, sou eu que te ajudarei"; sua promessa trará a alegria, e o Senhor ratifica seu compromisso inquebrantável com os pobres: "humildes e pobres buscam água, mas nada encontram [...] Mas eu, o Senhor, vou ouvi-los; eu, o Senhor de Israel, não vou abandoná-los".

– Is 43,1-7: o Senhor criou e resgatou Israel; o acompanha, é seu salvador; o Senhor prefere Israel a outros povos e lhe fala como a um filho: "és precioso aos meus olhos [...] e eu te amo", "não temas, estou contigo".

– Is 49,1-20: o Senhor nos tem chamado desde que estávamos no ventre de nossa mãe, conta conosco para trazer a salvação a este mundo. O Senhor se compadece e nos consola, e, quando duvidamos e acreditamos que esqueceu-se de nós e nos abandonou, nos diz: "Pode uma mãe esquecer-se de sua criatura, deixar de querer o filho de suas entranhas? Pois, embora ela se esqueça, eu não te esquecerei. Olha, em minhas palmas levo-te tatuada".

A proximidade constante de Deus é expressa pelo Salmo 139 [138], "Senhor, tu me sondas e me conheces", enquanto o Salmo 103 [102], "Bendizes, minha alma, ao Senhor", convida à gratidão e ao agradecimento a esse Deus percebido próximo e que nos ama.

A dinâmica do princípio e do fundamento recolhe bem a formulação paulina no início da Carta aos Efésios: "Cristo nos escolheu antes da fundação do mundo para santos e íntegros diante dele, no amor" (Ef 1,4). Pode-se aprofundar, servindo-nos de alguns textos do Novo Testamento que salientam a centralidade do amor na existência cristã, tais como a parábola do Bom Samaritano (Lc 10,25-37) e a denominada parábola do juízo final (Mt 25,31-46).

Para considerar a indiferença inaciana, pode resultar iluminador recorrer a Mt 6,25-34 ou a seu paralelo em Lc 12,22-32. Jesus convida à confiança, recorrendo à experiência que descobrimos na criação: se Deus cuida dos pássaros e das flores, quanto mais de nós...! Ele sabe o que nos falta, pois é nosso pai; assim, quem reconhece a Deus como pai pode confiar. Somos convidados a nos preocupar pelo reino, mas de um reino que já recebemos. Esta é a diferença significativa de Lucas com respeito a Mateus: a decisão já tomada por Deus de nos entregar o reino. Já nos foi dado. Por isso, nada se deve temer, nada pode separar-nos do amor de Deus manifestado em Cristo Jesus (cf. Rm 8,28-39). Do mesmo modo, São Paulo pode ajudar a orar pelo horizonte inaciano de "somente desejar e escolher o que mais nos conduz para o fim a que somos criados", o chamado *magis* inaciano, que somente se alcança a partir da comunhão com Cristo (cf. Fl 3,7-14).

CAPÍTULO 3

A Primeira Semana

Diretório breve sobre a Primeira Semana

No início da Primeira Semana, é bom diferenciar o papel distinto que esta cumpre conforme o tipo de exercício que vai ser dado. Nenhum diretório põe em dúvida que é uma semana fundamental, inclusive para as pessoas que "caminham muito adiante na via do espírito". Mas a confusão surge quando não se distingue com clareza a utilização diferente que o próprio Santo Inácio propõe para os exercícios dessa semana, quer se trate de fazer exercícios leves [EE 18] ou completos [EE 20].

Com efeito, nos exercícios leves, que são os que devem ser dados aos que têm pouca experiência nas coisas de Deus, e que, portanto, necessitam "ser instruídos", ou só querem "certo grau de contentar suas almas", Santo Inácio propõe que se utilizem alguns exercícios da Primeira Semana – não de toda ela, apenas os exames e o primeiro modo de orar – para encaminhar o exercitante à confissão, à comunhão e a alguma intensificação em sua vida de oração. São exercícios, pois, para purificar a alma, e por isso resulta coerente terminá-los com o sacramento da reconciliação e uns propósitos de maior prática sacramental [EE 18].

Não se deve entender assim a Primeira Semana nos Exercícios completos, seja durante trinta dias ou menos. Neles, esta semana tem outro sentido e outro objetivo, que é o de purificar a imagem que se tem de Deus. Nesse caso, é aconselhável fazer a confissão *antes* de entrar no princípio e no fundamento, para iniciar os Exercícios "mais disposto e inflamado", como dizem os diretórios Vitória e Miró. Coletando a sugestão de Santo Inácio [EE 44], vários diretórios recomendam fazer no final da Primeira Semana uma *confissão geral,* como uma prática sacramental dirigida expressamente a reconhecer e desfrutar profundamente a bondade de Deus, mais intensamente *sentida* nessa semana.

Entretanto, não é raro aproveitar mal esta primeira parte dos exercícios completos apontando como objetivo primordial a simples confissão dos pecados. Desfocam-se, então, as cinco meditações propostas na Primeira Semana – que não estão previstas a ser dadas nem oferecidas nos exercícios leves – e se esquece de centrá-las no encontro do exercitante com Deus como bondade infinita [EE 52] e perdoador absoluto [EE 61 e 71]. Para Santo Inácio, dispor o exercitante a sentir e saborear esse encontro é o verdadeiro tema da Primeira Semana[1].

O encontro com Deus como bondade infinita e perdoador absoluto

Todos os preâmbulos e colóquios da Primeira Semana estão expressamente focados em dar graças a Deus [EE 48, 53, 60; 65 e 71]. O pecado é *trazido à memória* como ocasião propícia para *admirar-se, sentir e saborear* a bondade e paciência divinas. As considerações do "pecado particular" [EE 52] e dos "pecados próprios ponderados" [EE 56-61] estão dirigidas a sentir a experiência de *pecador perdoado* como uma experiência consoladora e reveladora de Deus.

"Vergonha e confusão" são sentimentos manifestados pelo exercitante ao comparar a bondade infinita de Deus com a limitada bondade própria. Não é como a "vergonha" que brota da imagem talvez já rota do próprio *eu,* mas a "vergonha" que nasce do fato de ter descoberto, apesar do comportamento, tanta benevolência nele. Da mesma forma, "lágrimas de meus pecados" é sempre expressão de consolação em Santo Inácio, porque é efeito do perdão já recebido e *sentido* [EE 55, 62 e 316]. Isto é, a consideração do pecado nesta semana sublinha sobretudo nossa ingratidão e desconsideração com o

---

1 Cf. José A. Garcia, SJ, *Ventanas que dan a Dios,* Santander, Sal Terrae, 2011, 99-117; cf. também Piet Van Breemen, SJ, *Él nos amó primero,* Santander, Sal Terrae, 1988, 62-88.

bem, que segue respondendo com gratidão. Coerente com isso, nenhum de seus cinco exercícios está dirigido a pedir perdão por nossos pecados, como se tivesse de consegui-lo agora do perdoador, mas para fundamentar bem um "aborrecimento deles" [EE 63 e 65].

É evidente que uma consideração sustentada pelo *pecado perdoado* é uma ajuda real para purificar a imagem de Deus [EE 59-61 e 71] e a única possibilidade aberta para olhar de frente o mal, na História e em nossa história, sem ocultá-lo nem exagerar o escândalo de sua presença – "quanta corrupção veio ao gênero humano" [EE 51-52 e 56-57]. Pelo contrário, as falsas atitudes diante do mal, que são o farisaísmo – maus são os demais! – e a culpabilidade – não tenho perdão! –, ambas igualmente narcisistas, ficam desqualificadas na apresentação inaciana. Aceitar ser perdoado converte-se, então, na sadia experiência pessoal buscada nesta semana.

Por isso, o que dá os Exercícios tem diante de si a tarefa de falar do pecado sem fazer dele a temática principal da Primeira Semana e, consequentemente, saber apresentá-la de modo que ajude e disponha o exercitante para *sentir e saborear* a bondade de Deus, que é seu objetivo fundamental. Por isso é "o fundamento e a base das demais Semanas", como diz o Diretório Oficial (*D.O.*, 100).

Assim como na construção de um edifício é fundamental garantir que o primeiro piso possa sustentar as colunas e as paredes mestras que vão levantar-se sobre ele, também a compreensão das cenas da vida de Jesus a serem contempladas nas semanas seguintes requer *sentir e saborear* um ponto de apoio firme, que é a bondade incondicional de Deus. Por isso, sempre que se praticam os Exercícios, é essencial repetir ou resumir a Primeira Semana.

A apresentação do método inaciano dos Exercícios

Os cinco exercícios de meditação oferecidos na Primeira Semana são progressivos e formam uma unidade inseparável, como diz o diretório ditado por palavras a Polanco – "não se deem juntos, mas um a um, todos os cinco". Percorrem o mesmo caminho que vão repetir depois em todos os Exercícios. Isto é, da cabeça ao coração, e deste à sensibilidade, que, além de fortalecer o afeto, deve ser educada também "para que obedeça à razão" [EE 87]. Por isso, estão construídos gradualmente.

Os dois primeiros exercícios [EE 45-61] têm uma abordagem inicialmente discursiva marcada pelos verbos "memorizar", "ponderar" e "considerar", mas abertos imediatamente ao afeto, mediante o "colóquio" e a petição expressa de "mover mais os afetos com a vontade". Embora sejam meditações, em nenhum momento se apresentam como atos somente do entendimento.

O terceiro exercício, reforçado pelo quarto [EE 62-64], está centrado no afeto – é uma "repetição" e um "tríplice colóquio", que são os dois recursos fundamentais para *se afetar* na metodologia inaciana –, mas se abre também à sensibilidade mediante os termos "aborrecimento" e "aborrecendo", repetidos três vezes nos colóquios "à Nossa Senhora, ao Filho e ao Pai"[2]. Ao exercitante se sugere pedir a sensibilidade em consonância com a do Senhor, isto é, que se aborreça com tudo aquilo que o aborrece e rechace tudo aquilo que ele rechaça. Santo Inácio acredita que somente assim poderá estar *ordenado* para então se comportar corretamente em sua vida.

O quinto exercício, o do inferno [EE 65-71] – tantas vezes mal interpretado, e pior ainda utilizado, crendo que seu sentido é o de assustar-nos para nos fazer reagir! –, está centrado em uma abertura dos sentidos corporais a essa realidade chamada a "ser aborrecida". O aborrecível é a desconsideração e a falta de agradecimento a Deus, porque Ele mereceria tudo ao contrário – "sempre teve de mim tanta piedade e misericórdia". Mediante a imaginação, os cinco sentidos são evocados para robustecer e estabilizar um "sentimento interno" de agradecimento a Deus por sua fidelidade, e de "vergonha e confusão" por meu comportamento. Não se trata de exacerbar o medo do inferno, mas de dar estabilidade a uma decisão afetiva prévia que poderia fazer-se inconstante sem querer – "para que, se me esquecer por minhas faltas, do amor do

---

2 Não se pode esquecer a forma muito mais afetiva com que Santo Inácio fazia esse tríplice colóquio. Além de ampliá-lo, dirigindo-o também ao Espírito Santo e à Trindade, expressava-o na forma de pergunta retórica – "Então, Pai Eterno, não vais me confirmar?" [Diário 48] –, que contribuía para sublinhar mais intensamente a confiança filial do orante.

Senhor eterno, ao menos o temor das penas me ajude para que não venha a cair em pecado" [EE 65]. A vertigem sentida do desamor consolida a conservação do amor, como ocorre em todas as ordens da vida.

Santo Inácio não propõe formalmente mais exercícios para esta Primeira Semana do que estes cinco. Se depois a versão da *Vulgata* desenvolve alguns mais apenas insinuados nos Exercícios [EE 78], isso não deve ser feito traindo a utilização tão distante do medo, com que Santo Inácio chama a consideração da morte e do juízo, tanto na "eleição" como na "reforma de vida" [EE 186-187 e 340-341]. Conservando esse esquema e esse sentido, aquele que dá os Exercícios pode substituir com outras considerações as meditações inacianas, ou completá-las com a apresentação das parábolas ou com outras passagens da Escritura, se lhe parecer oportuno.

O encontro inicial com a missão a que somos chamados

Nenhuma parte dos Exercícios inacianos, nem sequer a Primeira Semana, está dirigida exclusivamente à santificação própria. Desde Manresa, Santo Inácio tem o decidido propósito de "ajudar as almas", e, com esse fim, ele oferece os Exercícios a P. Miona em 1536: "Vereis quanto vos aproveitará para poder frutificar, ajudar e aproveitar a muitos".

Este olhar *para fora* vai além, conforme avança o processo completo, mas já está presente, como era de esperar na Primeira Semana. E o faz de dois modos complementares.

O primeiro é o "colóquio imaginando diante de mim a Cristo nosso Senhor crucificado" [EE 53], com o que se encerra o primeiro exercício, mas que é por sua vez o resumo que recolhe e condensa o fruto da Primeira Semana. Por isso, é um exercício importante, que nunca deve ser suprimido. A relação intrínseca entre a dívida de gratidão com Ele e a pergunta nascida no coração do amigo agradecido ou do cavaleiro afetado – "o que devo fazer?" – é o único fundamento válido de uma pastoral sadia. A pergunta sugerida nesse momento da Primeira Semana vai se repetir depois no "chamado do rei" [EE 91-98], mas somente vai receber resposta para cada um ao longo da Segunda e da Terceira Semana, "contemplando ao mesmo tempo" os mistérios da vida de Cristo [EE 135].

O segundo caminho complementar para a descoberta pelo exercitante da missão à qual pode ser chamado se realiza mediante a consideração das "regras de discernimento da Primeira Semana" [EE 313-327][3], que Santo Inácio crê oportuno apresentar neste momento. Sua finalidade é interpretar bem os chamados do Senhor, para depois não se fazer de surdo, mas manter-se neles. A explicação da sabedoria que se pode aprender na experiência alternada de consolações e desolações é o primeiro elemento de todo discernimento posterior. Está em jogo o saber escutar corretamente depois os chamados que o Espírito faz a cada exercitante, tanto para fazer a "eleição" como para uma "reforma de vida". Ambos os processos devem se apoiar também na bondade infinita e na misericórdia gratuita de Deus, sentidas e saboreadas durante a Primeira Semana.

Para ponderar bem a importância que Santo Inácio concede a essa Primeira Semana, tampouco se deve esquecer que em seu *Diretório autógrafo* ele desaconselha começar os exercícios da Segunda Semana se o exercitante ainda não tiver terminado a Primeira com "muito fervor e desejo de ir adiante". Nesse caso, ele diz, é melhor esperar, "ao menos, um mês ou dois". É outra maneira, ainda mais clara, de qualificar como fundamental a Primeira Semana.

Textos bíblicos para a Primeira Semana

A princípio, também no que diz respeito aos textos bíblicos, estes nos ajudam a cuidar da continuidade na dinâmica dos Exercícios. Se um texto me ajudou, pode continuar fazendo-o; ter presentes os textos utilizados no princípio e no fundamento é um bom início quando queremos nos encontrar com Deus, *bondade infinita e perdoador absoluto*. Podemos voltar a eles e continuar sentindo e saboreando, repetir algum versículo ou uma palavra que mais nos tenha tocado etc. Nesta linha de servir-nos de textos mais breves, mas vigorosos, sugerimos alguns versículos da Escritura que podem acompanhar esta etapa dos Exercícios dentro e fora dos tempos de oração, sempre em busca de melhor conhecimento de nós mesmos e da misericórdia de

---

3   Explicadas posteriormente neste mesmo capítulo.

Deus: "em tua luz, Senhor, vemos a luz" (Sl 36,9); "se dizemos que não temos pecado, enganamos a nós mesmos, e a verdade não está em nós" (1Jo 1,8); "não julgueis e não sereis julgados" (Mt 7,1); "se nossa consciência nos acusa, Deus é maior que nossa consciência" (1Jo 3,20); "onde abundou o pecado, superabundou a graça" (Rm 5,20); "me amou e se entregou por mim" (Gl 2,20). O elenco não é exaustivo e, claro, podem-se encontrar outros.

Entrando no primeiro exercício do texto inaciano, pode ser útil apreciar a história do rei Davi (2Sm 11,1–12,14). De alguma forma, o que o profeta Natan faz com Davi, que é narrar uma história para abrir-lhe os olhos, é o que Inácio pretende ao convidar o exercitante a considerar o pecado de outros. Também podem servir-nos de espelho as parábolas do fariseu e do publicano (Lc 18,9-14). Imediatamente tendemos a rechaçar a atitude do fariseu que se sente superior aos demais, mas, ao fazê-lo, na realidade, caímos em seu mesmo defeito e nos identificamos com ele. Colocamo-nos, assim, sobre a pista de atitudes que funcionam automaticamente em nós, e que entretanto não são as que Deus quer.

Para iluminar a oração que pretende o *conhecimento do próprio pecado*, ajuda uma série de relatos que apresentam o pecado como ruptura de uma relação com Deus ou com o próximo, que são inseparáveis (cf. Mc 12,28-31). Encontramos exemplos de ruptura com Deus em Adão e Eva (Gn 3) e no povo de Israel que o substitui pelo ídolo do bezerro de ouro (Ex 32,1-14). Ruptura com o próximo é a de Caim com Abel (Gn 4,1-16) ou, sublinhando também o aspecto de omissão, as parábolas do bom samaritano e do homem rico e Lázaro (Lc 10,25-37; 16,19-31). Outras passagens que nos abrem para a dimensão estrutural do pecado podem ser a história dos reis Acabe e Jezabel, que assassinam Nabor para roubá-lo (1Rs 21), e os oráculos do profeta Amós contra as nações, que denunciam a violência e a injustiça (Am 1,3–3,8).

O denominador comum a todos é a ruptura dos vínculos de filiação e fraternidade. Ao mesmo tempo, é preciso observar que, por parte de Deus, nunca se rompe a relação totalmente, o que oferece uma nota de esperança: tece umas peliças para Eva e Adão, faz uma marca em Caim para que ninguém o mate, segue enviando seus profetas (Natan, Moisés, Elias ou Amós), e nas parábolas nos oferece o caminho a seguir, seja com o exemplo do samaritano, seja recordando-nos que temos a Lei e os Profetas para escutá-los.

Um fragmento do Novo Testamento essencial para purificar a imagem de Deus e evitar as falsas atitudes diante do mal é o capítulo 15 do evangelho de São Lucas, que apresentamos em seguida com mais detalhes. Seu ponto de partida é a crítica que Jesus sofre por andar com pecadores e cear com eles (15,1-2). Neste contexto, Jesus conta três parábolas nas quais as chaves *perder e encontrar* jogam um papel fundamental, e que se deve entender como explicação de seu comportamento.

A primeira e a segunda parábolas guardam um grande paralelismo: uma ovelha e uma moeda que se perdem; um homem e uma mulher que as buscam até que as encontram; o convite a amigos e vizinhos para festejá-lo (15,3-7.8-10). Ambas concluem indicando a correspondência entre a alegria terrena e a que existe no céu pela conversão de um pecador. Por isso, Jesus faz o que faz e frequenta a companhia dos pecadores: porque alegra a seu Pai no céu. É a alegria do Evangelho anunciada a Zacarias e aos pastores (1,14; 2,10) e trazida pelo Ressuscitado (24,41.52).

A terceira parábola é a história de um pai e dois filhos (15,11-32). Conhecida habitualmente como parábola do *filho pródigo*, talvez deva ser chamada de *o pai bom*, pois o pai é o autêntico protagonista. Podemos distinguir duas pequenas cenas, cada uma dedicada a um filho (v. 11-24 e 25-32). A primeira se inicia com o pedido do filho menor de ter sua parte da herança. O pai a reparte aos dois irmãos, e o jovem emigra, e depois de gastá-lo todo – não se especifica como, frente ao que o irmão mais velho dirá logo –, se vê reduzido a cuidar de porcos, sumo grau de alienação para um judeu. Reflete e decide regressar para sua casa, reconhecer seu erro diante de seu pai e pedir-lhe para ser tratado como um trabalhador. Entretanto, antes de ele chegar, seu pai o vê a distância, comove-se (como Jesus diante da viúva de Naim e o bom samaritano diante do homem caído no caminho), corre, beija e abraça o filho. Sem deixar-lhe terminar seu discurso, restitui-lhe seu lugar de filho com a veste, o anel e a festa, por ter encontrado o seu filho perdido.

A segunda cena começa quando o filho mais velho chega do campo. Inteirado do ocorrido, ele se nega a entrar, mas o pai vai a seu encontro e pede-lhe que entre. Com essa ação de deixar a festa e os convidados, como na anterior, de perder a compostura e sair correndo, o pai está rompendo os códigos sociais em uso. Para ir ao encontro de seus dois filhos, ele rompe com o padrão estabelecido de acordo com o que devem fazer os pais de família. Por contraste, a resposta do filho nos dá seu retrato: há anos que o serve, isto é, ele se sente menos que um trabalhador contratado; nunca o desobedeceu, ou seja, não percebe a necessidade de mudar; queixa-se de não ter celebrado uma festa com seus amigos, quer dizer, exclui o seu pai; e fala "desse filho teu", ou seja, tampouco se sente irmão. A resposta do pai lhe recorda que eles compartilham os bens (considerando que efetivamente a herança foi repartida entre eles) e principalmente sua identidade de filho e irmão, o que deve levá-lo a celebrar a festa, porque seu irmão perdido foi encontrado. O perdão tem a ver com o reencontro; reencontro com o outro e com Deus.

Em definitivo, e voltado aos versículos iniciais, Jesus se comporta dessa maneira porque esse comportamento alegra a seu pai do céu. Sair dos caminhos marcados para ir ao encontro de quem tem necessidade é a prioridade de Deus. A parábola desmascara a culpabilidade mal focalizada do filho mais jovem, que acredita não merecer ser filho, e o farisaísmo do irmão mais velho, que nega a fraternidade a seu irmão. Por mais paradoxo que nos resulte, nada há que possamos fazer para que Deus nos ame menos incondicionalmente. O processo dos Exercícios nos revela que somos pecadores, mas também que Deus continua nos amando e nos perdoa. Somos pecadores perdoados.

Nos colóquios com o crucificado ou diante da cruz, podem nos ajudar algumas orações de arrependimento e de petição de perdão tomadas do AT (*Br* 1,15-3,8; Sl 41; 51), mas principalmente salmos de ação de graças, como o 103, e textos do NT, em especial os paulinos, que sublinham o amor de Deus manifestado em Cristo, e que nos liberta, nos perdoa (Rm 5,6-8; 7,14-25; 8,31-39; Jo 3,16) e nos abre à gratidão. Por sua parte, a meditação do inferno pode ser acompanhada por passagens que salientam o esquecimento de Deus (Rm 1,18-23), ou do próximo (Mt 25,31-46; Lc 16,19-31), que acabam coincidindo. O inferno é apresentado como ausência de amor, que, em última análise, é a ausência de Deus.

Enfim, para delinear a missão futura à qual se abre o perdão de Deus, uma opção é recorrer à cura do paralítico (Mc 2,1-12). Por um lado, a imagem da paralisia expressa bem o que é o pecado, enquanto a cura que devolve a iniciativa e a capacidade de movimento visualiza o perdão e a possível vida nova. No meio, encontramos a palavra *filho* com a qual Jesus se dirige ao homem; o perdão restaura nossa identidade de filhas e filhos de Deus e nos permite viver novamente como irmãs e irmãos. Dois detalhes fundamentais são: a fé dos carregadores da maca que leva Jesus a agir e nos recorda a força da intercessão e o fato de Jesus ter ordenado ao homem carregar sua maca e voltar para casa. O paralítico curado é convidado a fazer com outros o mesmo que os carregadores da maca fizeram com ele: levar Jesus àquele que necessita dele. Em palavras de São Paulo, Deus nos reconciliou consigo e nos encomendou o ofício de reconciliar (cf. 2Cor 5,14-21). O presente do perdão não é somente para nós. Outro texto que salienta a transformação que gera o encontro com a salvação que Jesus traz é o relato de Zaqueu (Lc 19,2-10). Ao receber Jesus, Zaqueu se enche de alegria, reconhece sua verdade, repara o dano causado e se transforma. Somos lembrados também de que Zaqueu é "filho de Abraão", e reconhecemos que ele se comporta novamente como irmão.

Instruções e regras da Primeira Semana

Na mesma apresentação do método, os pontos de oração dos exercícios inacianos são acompanhados por uma série de instruções e regras como ajuda indireta para dispor a alma a receber essa oração. Frequentemente são apresentadas no livro dos exercícios em forma de apêndices ordenados de cada semana. Outras vezes, aparecem no mesmo texto delas, sempre por algum motivo concreto ou para dar-lhes mais relevância. Ao menos para os exercitantes que acedem pela primeira vez ao método, é muito conveniente fazer referência a elas em forma de prática ou instrução complementar.

Na Primeira Semana, essas ajudas indiretas são: as *Anotações* [EE 1-20], os *Exames* [EE 24-44], os *Três modos de orar* [EE 238-260] e as *Regras para de algum modo sentir e conhecer as várias moções que se produzem na alma* [EE 313-327]. O *Diretório autógrafo* de Santo Inácio sublinha o que já foi dito nas *Anotações*, estabelecendo a conveniência de apresentar ou explicar ao exercitante na Primeira Semana alguns desses documentos ou, melhor ainda, todos eles [EE 6-9, 18-20].

• **As anotações**

Como todo método novo, também os exercícios inacianos deviam ser explicados por seu autor, e para essa função foram escritas as *Anotações*. Embora Santo Inácio se apropriasse com liberdade dos vimes velhos – em particular, tomados do *Ejercitatorio* de García Jiménez de Cisneros –, o resultado foi um cesto muito original e distinto. Ainda hoje, os exercícios inacianos são muito diferentes de outras práticas devotas que usam o mesmo nome. Por isso, na maioria dos casos, segue sendo conveniente que aquele que dá os exercícios volte a apresentar ao exercitante os aspectos fundamentais do método.

As primeiras *Anotações* explicitam as duas classes de ações a serem pedidas ao exercitante durante todos os exercícios. Umas são próprias do entendimento – "examinar, considerar, entender, discorrer" –, e outras, da *vontade* ou do coração – "afetar-se, refletir, sentir e saborear internamente" – com preferência clara por essas últimas [EE 3]. A oração somente chega a ser realidade quando aflora e se assenta naqueles sentimentos do exercitante que lhe brotaram ao "discorrer por si mesmo" pelos pontos de oração que lhe foram apresentados. Porque, como diz Laplace, "os Exercícios são um método para passar da cabeça ao coração a palavra escutada com fé"[4]. Os pensamentos que estão apenas na cabeça não nos mudam a atitude, mas os que descem ao coração, sim, nos transformam a vida. Nos exercí-

---

4 J. Laplace, SJ, *El camino espiritual a la luz de los Ejercicios ignacianos*, Santander, Sal Terrae, 1988, 14.

cios inacianos, em nenhum momento a especulação deve ter preferência sobre os afetos.

Nas seguintes *Anotações*, ao considerar as ajudas das quais o exercitante necessita durante o processo, Santo Inácio utiliza significativamente duas expressões diferentes para nomeá-las. Umas vezes – menos – as denomina "quem se exercita"; outras – mais –, "quem recebe ou faz os exercícios". Expressa, assim, o caráter mais místico que ascético da experiência, que considera mais reconhecível em si mesma como uma experiência presenteada por Deus que como o resultado de um esforço do exercitante; em suma, uma vivência "mais passiva que ativa", como Laínez qualificara a atitude de Santo Inácio "*en las cosas de Dios*". A tarefa que se pede ao exercitante é tão somente "preparar e dispor" a alma [EE 5, 15, 20, 238, 239], como simples requisito para receber "o que se quer e deseja" [EE 48]. Em nenhum momento da experiência devemos nos esquecer de que não está em nossas mãos produzir o presente que pedimos ao Senhor, mas devemos somente nos dispor a recebê-lo.

Por último, em algumas destas seguintes *Anotações* [EE 15, 17] detalha-se o papel que se deve esperar daquele que dá os Exercícios: não seja um pregador, nem um orientador espiritual (neste momento), tampouco um confessor. Sua função se limita a respeitar (e ressaltar) a ação do Senhor em quem está sendo "abraçado imediatamente por Ele" e ajudá-lo no discernimento "dos pensamentos que lhe vêm de fora" [EE 17]. Assim como se pede ao exercitante para estar convencido de que o autêntico protagonista dos Exercícios é o Senhor e somente Ele, também se pede *ao que dá os Exercícios* que deixe o Senhor atuar sem intercalar em seu acompanhamento, durante todo o processo, doutrinação e sentimentos próprios, por melhores e mais edificantes que sejam [cf. EE 15].

• **Os EXAMES**

O material que Santo Inácio dá em seu livro a seguir [EE 24-44] costuma ser deixado de lado por muitos por ser considerado obsoleto ou apenas válido para a preparação de uma confissão geral. Provavelmente, era o único material que Santo Inácio tinha escrito e pôde ensinar aos inquisidores de Alcalá e Salamanca, uma vez que o restante da Primeira Semana, ele o elaborou em Paris. É certo que os grandes *Diretórios* e o *Diretório Oficial* apresentam esse material por extenso, como se sua missão principal fosse purificar a alma, que é o objetivo próprio dos *Exercícios* leves. Mas, ao mesmo tempo, dificilmente seria desculpável não aproveitar hoje os elementos que também contêm para lançar as bases do discernimento dos espíritos[5].

Com efeito, "examinar a consciência" é um exercício importante para "preparar e dispor a alma", tal como foi anunciado desde o início [EE 1]. Apesar da insistência sublinhada no "sentir e saborear", os *Exercícios* distam muito de propor um abandono irracional à experiência orante. O *sentir* requer ser contrastado pela razão. Por isso, perguntar-se "como me saí?" era a proposta de Santo Inácio depois de cada tempo de oração [EE 77], e "muito examinar" era sua recomendação nos momentos difíceis de desolação [EE 319]. A interioridade almejada exige essas análises dos próprios sentimentos.

O campo do exame é muito mais amplo do que o simplesmente moral, pois considera também "os pensamentos que vêm de fora" e que requerem ser convenientemente discernidos – porque "um é proveniente do bom espírito, e o outro, do mau espírito" [EE 32]; inclui, pois, o moral e (mais ainda) o discernimento. É principalmente uma oração de observação sobre a passagem de Deus em minha vida, e portanto depende mais do futuro do que do passado; dos sonhos de Deus sobre mim do que das limitações próprias e inclusive dos pecados cometidos.

Para qualquer forma – antiga ou moderna – de "examinar a consciência", Santo Inácio propõe um primeiro ponto inevitável, que é "agradecer a Deus nosso Senhor pelos benefícios recebidos" [EE 43]. Sem essa perspectiva inicial, o exame pode se converter em nossas mãos em um exercício ético voluntarista, quase narcisista, fomentador do ego, em vez de ser revelador da presença permanente de Deus em nossa vida.

---

5   Cf. G. A. ASCHENBRENNER, SJ, Examen del consciente, *Manresa* 83, 2011, 259-272; também P. CEBOLLADA, SJ, El examen ignaciano. Revisión e equilíbrio personal, *Manresa* 81, 2009, 127-139.

• **TRÊS MODOS DE ORAR**

Santo Inácio os propõe não como métodos ou *modos* de oração, mas como ajudas para preparar o orante – "é mais [para] dar forma, os modos e exercícios com os quais o exercitante se disponha e aproveite, do que propriamente uma forma ou um modo de orar" [EE 238]. Para o exercitante que corre o risco de entender esses *modos de orar* mais como técnicas de oração, da mão do próprio Santo Inácio e desde o início dos Exercícios, é muito proveitoso deslocar o acento para a necessidade de "dispor ou preparar a pessoa" para *receber a oração* que o Senhor lhe envia. Não o fazer assim seria desperdiçar as ajudas que o próprio autor dos Exercícios oferece.

Alguns *Diretórios* colocam esse documento somente no final da experiência, como instrumento dirigido à conservação da oração no término dos *Exercícios*. Mas, ao menos em parte, parece mais útil recordá-lo já no início deles. Porque Santo Inácio atribui o "primeiro modo de orar" à Primeira Semana ou aos Exercícios leves [EE 18] e o propõe como um exame de consciência orado, com disposição prévia da alma – "considerando aonde vou e para quê" [EE 239] – e petição de graça para "emendar-me" [EE 240, 243].

Na realidade, esses "três modos de orar" são um caminho sugerido dentro dos Exercícios para uma abertura humilde de nossos *porões* mais fundos ao Senhor e para adequar nossa sensibilidade a nosso afeto. Porque, tal como estão propostos, não respondem à pergunta "Como se faz oração?", mas, sim, a uma questão que para Santo Inácio é prévia e mais abrangente: com que atitude se ora ou "a quem se dirige a oração"? [EE 251]. Estão mais orientados a criar uma atitude humilde e suplicante – "dirigindo-se à pessoa a quem orou" [EE 257] ou "olhando a diferença de tanta grandeza da pessoa a quem reza e de tanta baixeza própria" [EE 258] – que a detalhar os passos a seguir em um ato de oração. A atitude humilde de quem ora é o fundamental, e seu resultante é pedir e pedir, agradecer e pedir perdão. Somente assim cada um "dispõe" sua alma para receber a oração[6].

---

6   O *segundo modo de orar* é dirigido expressamente à contemplação. E *o terceiro*, à "aplicação dos sentidos". Mas os três modos coincidem na pretensão de oferecer "ajudas para preparar a pessoa".

• **AS REGRAS PARA SENTIR E CONHECER MOÇÕES**

Toda classe de exercícios inacianos assenta-se sobre a experiência pessoal e discernida de *consolações e desolações*. Para não carecer de recursos na compreensão e no manejo delas, se oferecem estas primeiras *regras* sobre o tema, que por isso "são mais próprias para a Primeira Semana" [EE 313]. Santo Inácio as apresenta com um título muito expressivo: "Regras para de algum modo sentir e conhecer as várias moções que são causadas nas pessoas: as boas para receber e as más para rejeitar". Todos os diretórios aconselham "expô-las" desde o início aos exercitantes, "para que estes se vejam animados e instruídos", como diz o diretório de Polanco. Porque "o dar ânimo e forças para ir adiante" [EE 7] é a razão de ser fundamental – "o proveito" – destas primeiras regras, ou conselhos[7].

Este documento que convém ser explicado ou lembrado ao exercitante neste momento é constituído por 14 regras centradas sobretudo na experiência da *desolação*. Referem-se a como reconhecê-la, como não se deixar arrastar para a *mudança* que nos propõe, como enfrentá-la sem perder a paz, e finalmente como tirar proveito e lição dela. A regra central é a "nona" [EE 322], essencial para entender que "tudo é dom e graça de Deus nosso Senhor" e para não cair "em alguma soberba ou vanglória" como remanescente ou fruto da *consolação* anteriormente desfrutada[8].

Tanto a *consolação* como a *desolação* devem ser discernidas, pois são estados de ânimo temporários, e nenhuma das duas é absoluta na experiência do exercitante. Ambas escondem uma possível má interpretação no final. A primeira pode levar à presunção, e a segunda, ao desalento. Mas as duas são um instrumento precioso do Senhor para se tornar presentes a nós e indicar-nos o caminho a seguir. As duas podem ser tempo de graça, pois ambas contêm a presença do Senhor, embora em uma delas tal presença se manifeste

---

7   Sobre a característica das duas experiências, *consolação e desolação*, cf. uma explicação muito completa nos dois números (296 e 297) de *Manresa* 75, 2003, dedicados monograficamente a elas.
8   Cf. mais desenvolvido em A. GUILLÉN, SJ, El valor pedagógico de la desolación, *Manresa* 75, 2003, 345-357.

aparentemente como ausência. Contra o que possa parecer no começo da vida espiritual – e o próprio Santo Inácio o pensou no início de sua vida de penitente [cf. Autob. 21] –, a linguagem do Senhor não é monocórdica, mas sinfônica.

Como adição final nesta série de *regras*, Santo Inácio resume sua experiência pessoal de vitórias diante do tentador em três parábolas. A primeira, sobre a conveniência de enfrentá-lo – "com muito ânimo" e "não temer nem desanimar" [EE 325]. Nesta parábola, Santo Inácio toma de São Bernardo a expressão "o inimigo da natureza humana" para indicar não somente o demônio, mas o que chamamos de "inimigos da alma", isto é, os valores deste mundo, a tentação do mal e a soberba (a absolutização do *eu*). Os três aparecerão depois unidos no exercício das *Duas Bandeiras* [cf. EE 142].

A segunda parábola sublinha a necessidade de acudir sempre a "seu bom confessor ou a outra pessoa espiritual que o ajude a descobrir os enganos e as malícias" do inimigo [EE 326]. E a terceira aconselha analisar-se e conhecer bem os próprios pontos débeis – "a parte mais fraca" – para não se deixar surpreender pelo tentador [EE 327]. Como em toda a sua obra, e sobretudo nos *Exercícios*, a Santo Inácio, "certas coisas que observava em sua alma e as achava úteis, parecia-lhe que também poderiam ser úteis aos outros" [Autob. 99]. Os *Exercícios* foram a princípio experimentados, e somente depois foram redigidos e propostos.

Adições e complementos da Primeira Semana

Sentido e perigos de falar de adições e complementos em Exercícios

a) Adições

Adições é um termo que Santo Inácio utiliza nas Quatro Semanas dos Exercícios para propor uma série de elementos exteriores – gestos corporais, cuidado de algumas circunstâncias ambientais, ou simples dinâmicas de comportamento – que ajudem o exercitante em seu processo interior. Supõem a unidade da pessoa humana e afirmam que

CAPÍTULO 3 – A Primeira Semana

o cuidado de todos esses elementos exteriores dispõe melhor a pessoa para seu encontro com Deus. Recordam, por outra parte, que os Exercícios são um processo *a tempo completo:* não somente se fazem Exercícios nas horas de oração, mas ao longo de todo o dia; porque ao longo de todo o dia se está à escuta de Deus e aberto e disposto a acolher sua presença.

Outro elemento significativo do que nos diz o texto inaciano dos Exercícios sobre as *adições* é sua constante adaptação aos diferentes momentos do processo. Citando um só exemplo, a utilização da luz maior ou menor como fator ambiental que nos possa ajudar é diferente nos distintos momentos do processo de Exercícios: na Primeira Semana deve-se se "privar de toda claridade" [EE 79], na Quarta Semana, deve-se "usar a claridade" [EE 239].

Este critério de adaptação das *adições* inacianas nos pede que façamos uma reflexão e um esforço para pensar quais elementos *exteriores* da cultura dos/das exercitantes que fazem hoje Exercícios teriam de cuidar para que seu processo interior discorra com maior fluidez e fruto, e quais teriam de se levar em conta para que não os dificultem. Obviamente, muitas das *adições* inacianas conservam sua plena validade, mas é necessário acentuar mais umas ou outras, ou propor algumas novas. Pretendo nestas linhas avançar e sugerir algo nessa direção.

b) Complementos

Entendo como *complementos* a possibilidade de sugerir alguns materiais simples – literários, gráficos ou visuais – para que aquele que dá os exercícios possa oferecê-los aos exercitantes e os ajudem em seu processo orante. São duas palavras que gostaria de sublinhar e que têm a ver uma com a outra: *simples e ajudar.* Deverão ser complementos muito simples que sejam um elemento que ajude a fazer os Exercícios e não distraiam o exercitante ou pervertam o que os Exercícios são.

Porque os Exercícios inacianos não são um tempo de reciclagem nem um curso de espiritualidade ou de teologia ou de atualização pastoral. São uma experiência pessoal na qual se busca, e Santo

Inácio o deixa claro desde o início, "...não o muito saber [...] mas o sentir e saborear as coisas internamente" [EE 2]. Não se trata de consumir nem textos bíblicos nem materiais *profanos*, mas de saborear e aprofundar para levar a palavra ao coração.

Consumir pode ser uma tentação para quem faz Exercícios, especialmente quando não se está acostumado a saborear, e quando o aprofundar lhe resulta difícil. Mas dar abundantes *materiais* e/ou complementos pode ser também uma tentação para quem dá Exercícios quando acaba por não encontrar o modo de fazer propostas que *ajudem*, ou quando se deixa levar pela comodidade ou pela rotina.

Tudo o que se possa dizer a seguir, tanto sobre *adições* como sobre *complementos*, tem aplicações diferentes, mais ou menos sentido, maior ou menor utilidade, em função do tipo de exercitante que consideramos: sua experiência espiritual, sua idade, o ambiente do qual provém ou as características do processo de Exercícios que está realizando.

"...antes de entrar na oração, repouse um pouco o espírito... como melhor lhe parecer..." [EE 239]

Essa observação que Santo Inácio faz ao falar dos modos de orar me parece especialmente pertinente e importante em nosso tempo e nestas circunstâncias, em que muitas vezes o exercitante entra nos Exercícios a partir de um ritmo de vida intenso, quando não agitado e disperso. Com frequência, não resulta fácil ao exercitante de hoje passar do ritmo de sua vida cotidiana ao ritmo dos Exercícios.

Para quem dá exercícios, essa sugestão inaciana é um chamado, que me parece importante atender, para cuidar da *entrada* nos Exercícios e para dar-lhe o tempo necessário. Não é tempo *perdido* o que se dedica a este "repousar o espírito"; pelo contrário, é um tempo que possibilita melhor disposição do exercitante para aproveitar. Começar diretamente, sem cuidar de "repousar o espírito", pode supostamente queimar momentos importantes e temas decisivos no processo dos Exercícios, que se desperdiçam por não *se ter entrado antes nos Exercícios*.

Para "repousar o espírito", Santo Inácio sugere uma vez mais a integração do exterior – "sentando ou passeando" – com o interior – "considerando aonde vou e para quê". "Adaptar-se ao ritmo, aos tempos e lugares dos Exercícios" pede que aquele que os dá ajude e ofereça sugestões em função de como vem quem os recebe e das características próprias do lugar. Convém que o "considerar" desse número dos Exercícios se traduza em sublinhar atitudes básicas com as quais *situar-se* neles. Considerações que *serenem* interiormente diante de ansiedades, expectativas prefixadas e/ou desmedidas ou precipitadas, e que estimulem em situações de rotina e menos implicação.

"*...tanto mais se aproveitará quanto mais se afastar de todos os amigos e conhecidos e de toda preocupação terrena...*" [EE 20]

Não creio exagerar quando digo que uma das primeiras perguntas que muitos(as) exercitantes fazem hoje ao chegar a uma casa de Exercícios é qual é a chave de acesso e a senha do *wi-fi*. Na bagagem daqueles que hoje *se retiram* para fazer Exercícios não pode faltar algum dos diversos aparelhos que nos permitem conectar-nos à internet, esteja onde estivermos. O "afastar-se" que Santo Inácio afirma como condição de aproveitamento dos Exercícios vai hoje muito além dos quilômetros que se colocam no meio entre a residência habitual e o lugar dos Exercícios.

Este é, pois, um desafio que não podemos ignorar e o qual quem dá os Exercícios deve enfrentar. Em suas diferentes formas, que uso fazer da internet neste tempo? Ou nenhum? Porque, à margem desse tema do "afastar-se", resulta que, como iremos ver, também a internet pode ter seu sentido e sua contribuição para a dinâmica dos Exercícios. Todas essas questões evocam pelo menos dois momentos do livro dos *Exercícios*: as adições que Santo Inácio faz sobre a penitência [EE 82-89], nas quais expõe, por uma parte, o uso do "conveniente" e a "mudança" que tem de ser feita a respeito disso nos Exercícios, e, por outra parte, o "ordenar-se" em temas tão cotidianos e necessários como o comer [EE 210-217].

Não seria útil pedir ao exercitante que logo no início dos Exercícios reflita sobre esse tema e assuma para si mesmo (com ajuda do acompanhante) alguns critérios de atuação? Minha experiência me diz que isso é bom, e que necessariamente deve ser uma reflexão pessoal, uma vez que as necessidades, as condições, os momentos ou a maturidade das pessoas que fazem Exercício são muito diferentes.

"...trazer à memória..."

Pode ajudar nos Exercícios, também na Primeira Semana, valer-se de materiais ou complementos que sirvam de apoio e abram perspectivas sobre a matéria que se trata, tendo em conta as considerações que fiz no início sobre o uso adequado desses materiais nos Exercícios. Sugiro alguns:

- Os capítulos 2 e 6 da encíclica *Laudato Si'*, do Papa Francisco, podem ajudar a ampliar a perspectiva do princípio e do fundamento e da relação com o Deus Criador e com as demais criaturas. As duas orações finais dessa encíclica – "Oração por nossa terra" e "Oração cristã com a criação" – são muito sugestivas.

- Os números de 6 a 9 da bula *Misericordiae vultus,* do Papa Francisco, podem ajudar, a nós e aos exercitantes, a ter uma compreensão muito evangélica da misericórdia.

- Para olhar o pecado na história, decisivo na dinâmica inaciana da Primeira Semana, pode ser de grande valia propor testemunhos pessoais concretos do sofrimento que o pecado e a injustiça geram. Testemunhos pessoais, não estatísticas, pois não se trata de dar uma aula de economia ou de sociologia, mas de aproximar-nos dos infernos que o pecado e a injustiça geram também neste mundo. É importante que quem dá os Exercícios faça uma proposta concreta de material escrito, gráfico ou audiovisual (aí pode ser útil a internet!) que seja adequado com sua apresentação dos Exercícios e que não faça o exercitante perder tempo em buscas inúteis. Inclusive em determinados casos e para determinados públicos pode ser de grande valia também assistir a algum filme significativo: para dar somente um exemplo, o filme *Babel*, de González Iñarritu, permite, em minha opinião, uma boa reflexão sobre o pecado estrutural e suas consequências.

CAPÍTULO 4

A Segunda Semana

Diretório breve sobre a Segunda Semana (A)

No conjunto dos exercícios inacianos, a Segunda Semana é a mais longa das quatro e a mais heterogênea em sua composição[1]. Em seus primeiros dias, reúne componentes tão diferentes e díspares que não raramente desconcertam o exercitante. Uns são propostas de novos modos de iniciar a oração (contemplações dos *mistérios da vida de Cristo*, as *repetições* e a "aplicação dos sentidos"); outros são exercícios específicos para a preparação da eleição ou da reforma de vida (*Bandeiras e Binários/Três tipos de pessoas*); há documentos com explicações acrescentadas sobre o discernimento (*regras da Segunda Semana*); e inclusive engloba o programa insólito de uma alternância de meditações e contemplações, rompendo sua homogeneidade. Por isso, talvez não haja modo de encontrar indicações globais para toda essa semana nos diretórios, mas somente referências parciais a alguns de seus elementos.

O tema unificador de tanta diversidade é o seguimento de Jesus. Considerá-lo, saboreá-lo, solicitá-lo e animá-lo é o objetivo da Segunda Semana. Neste ponto, a mudança de perspectiva com relação à Primeira Semana é total. Entretanto, a relação entre elas está muito bem travada a partir da pergunta com que terminava a Pri-

---

[1] Por causa de sua complexidade, lhe pedimos seu tratamento em duas partes, reservando esta primeira (A) unicamente aos denominados *quatro primeiros dias da Segunda Semana*. Cf., para uma melhor compreensão: S. ARZUBIALDE, SJ, *Ejercicios Espirituales de S. Ignacio. Historia y análisis*, Bilbao/Santander, Mensajero/Sal Terrae, ²2009, 269-443; P. GERVAIS, SJ, Segunda Semana, em GEI (ed.), *Diccionario de Espiritualidad Ignaciana*, op. cit., 1.624-1.630; I. IGLESIAS, SJ, Sentir y cumplir, em J. A. GARCÍA, SJ (ed.), *Escritos ignacianos*, Bilbao/Santander, Mensajero/Sal Terrae, 2013.

meira, em seu "colóquio diante de Cristo nosso Senhor crucificado" – "o que devo fazer por Ele?" [EE 53] –, respondida então pelo convite do *rei eterno* para que o siga: "quem quiser vir comigo... deverá trabalhar comigo" [EE 93]. Esse exercício do rei temporal serve de ligação lógica entre as duas semanas.

Seguimento com cabeça e coração

Ao longo de todo o processo, os exercícios inacianos estão marcados por uma plena integração dessas duas faculdades humanas que chamamos de *cabeça e coração* – em terminologia inaciana, "entendimento e vontade". Por isso, não resulta estranho que as dimensões fiquem perfeitamente destacadas no exercício inicial dessa semana. Embora redigida com a linguagem ainda arcaica da época de Manresa, é significativo que Santo Inácio a tenha mantido na redação final.

Para o Diretório de Miró, corroborado pelo Diretório Oficial (*D.O.*, 147), a contemplação do rei temporal é "o fundamento e proêmio" das contemplações da vida de Cristo que vêm depois. Por isso, é importante exercitá-la sempre.

A parábola inaciana pode modernizar-se de mil maneiras para apresentar o convite para *ser parceiro de Jesus* e responder a ela com a cabeça e o coração. As duas reações oferecidas no texto [EE 96 e 97], longe de representar duas respostas diferentes ao chamado recebido do rei eterno – distinção absolutamente impensável em Santo Inácio! –, refletem muito bem essa dupla dimensão, razoável e afetiva, do único oferecimento que se pode esperar do exercitante: "Quero ir contigo e viver como tu!". A oblação proposta nesse exercício [EE 98] pretende advertir que somente uma afetividade bem implicada no seguimento pode tornar livre e constante esse exercício. Por isso, antes de cada contemplação, em toda a Segunda Semana se repete firmemente, dia após dia, o forte desejo de *conhecer internamente* a Jesus, para mais o amar e o seguir [EE 104].

Com uma linguagem muito mais universal e cultivada, Santo Inácio repete a mesma ideia ao apresentar a *contemplação* da Encarnação. Elabora para isso uma nova parábola que contextualiza o texto evangélico e delimita o modo de "trazer a história daquilo que tenho de contemplar". Se é verdade que aquele que dá os exercícios deve narrar esta história de uma forma fiel, sucinta e breve [EE 2], entretanto, também se espera dele que a oriente convenientemente nos pontos, como Santo Inácio ensina a fazê-lo aqui. Com efeito, não pode passar despercebida a maneira de ressaltar o diferente olhar e a consideração sobre o mundo que espontaneamente temos [EE 106,1-2] e o que se supõe, pelo contrário, ser próprio "das três pessoas divinas" [EE 106,3]. O pedido que se propõe nesta contemplação é *pensar e sentir* como Jesus (não de outra maneira), para "mais segui-lo e imitá-lo". Esse é o selo distintivo de toda a Segunda Semana.

Contemplar a Jesus desde o início

O *contigo e como tu* vai ser a música de fundo pedida em todos os exercícios da Segunda Semana, desde o começo da vida de Jesus. A contemplação dos relatos da infância é proposta nesse momento (como sugere um dos diretórios) para facilitar *olhá-lo* mais afetivamente. É bom tomar esses relatos como uma modalidade acertada de teologia narrativa e sublinhar, como faz o próprio Santo Inácio, seu paralelismo pretendido com as cenas da vida pública e da paixão que se contemplarão depois.

A partir dessa semana, e até o final do processo, a contemplação da pessoa de Jesus será o foco absoluto de toda oração. Olhá-lo e contemplá-lo com afeto é a proposta básica de Santo Inácio para purificar o seguimento. Por isso, quem dá os exercícios deve procurar não tanto apresentar uma cristologia orada, mas, sim, possibilitar que o exercitante tenha uma experiência imediata de Deus em Jesus[2] [EE 15], sem tentar interferir em sua oração com recomendações morais ou doutrinais. Ao que contempla não se aconselha discorrer, mas "refletir em si mesmo".

Santo Inácio ainda encontra outros dois recursos eficazes para fortalecer o fruto e *o proveito* das contemplações da vida de Jesus. O

---

2   Não se podem esquecer neste ponto as afirmações matizadas e fundamentadas de KARL RAHNER, SJ, em *Palabras de Ignacio de Loyola a un jesuita de hoy*, Santander, Sal Terrae, 1990, 6-8.

primeiro é, de novo, a *repetição*, observando e fazendo pausas entre aquilo que já se contemplou, como meio idôneo de dar mais espaço ao afetivo na oração. Essa proposta inaciana ocupa a tarde de todos os dias da Segunda Semana; por isso, se possível, nunca se deveria evitar esse conselho.

O segundo recurso é a "aplicação dos sentidos da imaginação" sobre o já contemplado e repetido duas vezes, com a intenção de assimilar, assim, mais intimamente, o contemplado. Ou de "imprimi-lo na alma", como diz graficamente a Vulgata. Não se pode esquecer que inclusive o *Diretório Oficial*, apesar da reação precoce jansenista contra a marca mística dos Exercícios, manteve a recomendação dessa maneira de orar na Segunda Semana para o fim de cada dia[3].

Um mundo de autoenganos

Ao lado da contemplação, e sempre em estreita relação com ela [EE 135], o outro trilho paralelo sobre o qual discorre, do princípio ao fim, os processos dos exercícios inacianos é o discernimento. Começando esta Segunda Semana, também se faz referência a ele ao preparar a *eleição* ou a *reforma de vida*.

Para apresentar o tema, desde Manresa, Santo Inácio conservou outra parábola muito próxima de sua primeira afeição e de sua cultura, que depois fez fortuna na família inaciana, "as duas Bandeiras", apesar de não ter sido sempre bem entendida. É preciso levar em conta que, na época de Santo Inácio, uma bandeira não representava nem uma causa nem um país – como hoje –, mas simples senhas de identidade de um capitão recrutador de soldados. Esse sentido ilumina muito melhor a imagem inaciana da "bandeira de Lúcifer" [EE 136-142], permitindo entendê-la direta e essencialmente como um caso claro de publicidade enganosa, como os truques de um capitão mercenário para conseguir soldados. O "mau caudilho", pai da mentira, não cumprirá então sua promessa de felicidade com base no fomento da vanglória e da soberba. Pelo contrário, no bom "chefe" se pode confiar.

---

3 Estas *formas de orar* próprias da *contemplação*, da *repetição* e da "aplicação dos sentidos" foram mais explanadas no primeiro capítulo deste livro.

CAPÍTULO 4 – A Segunda Semana

Para aproveitar bem a parábola de Santo Inácio, quem dá os exercícios deve destacar, com as palavras que queira, que existem dois estilos, duas lógicas, dois mundos e valores radicalmente opostos e contrastantes. Somos chamados a visualizar um deles nas contemplações seguintes, como anunciado por Jesus. O outro, embora não custe reconhecê-lo, é o nosso habitual. Por isso, é preciso reservar para o final do dia um novo exercício, "os binários", com todas as características de um teste de autenticidade sobre nossas respostas mais interessadas. Porque é verdade que utilizamos muitas formas enganosas de negar algo ao Senhor[4].

O caráter orientador de ambos os exercícios obriga a qualificá-los como meditações, e não contemplações, não obstante a distorção que isso possa provocar no exercitante. Por outro lado, ninguém pode estranhar que a forma de orar seja pedindo – não propondo – para ser recebido no caminho do "bom chefe", para poder desfrutar da liberdade que oferece.

Acontece a mesma coisa com os exercícios dos *três modos de humildade*, propostos para fazer antes das *eleições* ou da *reforma*, e também orado evidentemente "com os três colóquios" [EE 164-168]. A princípio, Santo Inácio chamou esse exercício de "os graus de amor"[5], mas, na redação final, preferiu reservar a palavra "amor" para se referir a "o que vem de cima" [cf. EE 184, 230-237, 338] e tomou de São Bernardo o termo "humildade" a fim de designar a disposição da alma para receber a Deus – como fez Nossa Senhora [cf. EE 108].

A "consideração com intervalos por todo o dia" dos *graus de amor* ou dos modos de *humildade* é proposta para nos entusiasmar com "a vida verdadeira" apresentada na parábola das *duas bandeiras* [EE 139]. Não é nem pretende ser um exame de consciência sobre nossa mesquinhez no amor a Deus, mas visa a fazer com que tomemos consciência da pergunta prévia a respeito de quantos e quais são os nossos *desejos* de amá-lo, quanto *desejamos querer* a Deus, onde

---

4   O exercício dos três binários (três tipos de pessoas) e as regras de maior discrição de espírito serão explicadas posteriormente neste mesmo capítulo.
5   Assim aparece nomeado nas anotações que se conservam do padre irlandês Helyar, que recebeu os *Exercícios de Fabro* em 1535.

colocamos realmente a lista de nossa intenção de amá-lo. Diante das respostas incompletas e imperfeitas de somente *desejar cumprir os mandamentos* [EE 165], ou de pretender viver o amor a Deus como um amor *em equilíbrio com outros amores* [EE 166], o pedido que Santo Inácio propõe dirigir a "Nossa Senhora, ao Filho e ao Pai" é um amor insano, uma fascinação completa por Jesus e uma relação com ele de entusiasmo no seguimento, acima do que mais medo pôde dar-nos antes [EE 167]. Esta é a "maior e melhor humildade" que Santo Inácio propõe para o exercitante pedir – não prometer – "fazendo os três colóquios" [EE 168].

Como aconselha o Diretório de Miró, sempre tem sentido fazer essas *três meditações inacianas* no início da Segunda Semana, embora não esteja previsto fazer depois alguma eleição em particular. O objetivo desse dia especial é consolidar a suspeita sobre nós mesmos e assegurar um espaço mais lúcido para nossa liberdade. Por isso, anos depois, com uma linguagem menos imaginativa, porém mais universal, Santo Inácio reiterou a mesma advertência das Bandeiras nas *"regras com maior discernimento dos espíritos*, para a Segunda Semana", denúncia sistemática de tantos autoenganos nossos no seguimento. Também é importante lembrar-se desses conselhos sempre.

Textos bíblicos para a Segunda Semana (A)

Como texto para acompanhar a transição entre a Primeira e a Segunda Semana, pode ajudar a conversão de São Paulo a caminho de Damasco, que narra a transformação operada em Saulo – que de perseguidor passa a ser testemunha –, causada pelo encontro com Jesus Cristo. Das três versões que traz o livro dos Atos nos capítulos 9, 22 e 26, sugerimos a segunda (At 22,3-16), pois inclui a dúplice pergunta da Saulo a Jesus: "Quem és tu, Senhor? Que devo fazer?" Sua resposta será objeto das contemplações dos dias seguintes, cujo centro é Jesus, e das que se vão colocar a eleição ou a reforma de vida. Deus tem um plano para mim, um projeto de plenitude, que parte do encontro com ele.

Também pode auxiliar para ligar com os colóquios tidos na Primeira Semana diante da cruz, em particular com a pergunta "o que devo fazer por Cristo?" [EE 53], orar com o Salmo 40 [39]: "Aqui estou, Senhor, para fazer a tua vontade". Colocarmo-nos livres e indiferentes nas mãos do Senhor para buscar e encontrar sua vontade, que está unida à pessoa de Cristo, que tanta misericórdia teve conosco, pode ser uma invocação que nos acompanhe em diferentes momentos do dia.

Entrando propriamente nos materiais propostos por Santo Inácio, a parábola inaciana do chamado do Rei Temporal aparece como fundamento de tudo o que segue. Pode-se recorrer a algum texto de chamado, como, por exemplo, Lc 5,1-11, que sublinha a condição de pecador de Simão Pedro, a qual, entretanto, não é obstáculo para o chamado de Jesus a unir-se a Ele e a seu projeto. Em uma linha um pouco diferente, o envio dos discípulos por parte do ressuscitado, em Mt 28,16-20, recolhe a vontade do rei eterno de conquistar todo o mundo [EE 95]. Outro texto que pode ajudar a orar com o Senhor e a propor ao exercitante o *contigo e como tu* é Lc 4,16-20, que apresenta Jesus no início de sua vida pública, ungido pelo Espírito para anunciar a Boa-Nova aos pobres. Podem servir de complemento os hinos cristológicos de Cl 1,15-20 e Ef 1,3-14, que apresentam a profundidade da identidade de Jesus que chama e convida. Se acaso se quisesse propor matéria sobre a possibilidade de rechaçar o chamado de Jesus, duas passagens poderiam servir: a do homem rico (Mc 10,17-22) e a parábola dos convidados ao banquete (Lc 14,15-24).

No itinerário da Segunda Semana, as duas primeiras contemplações colocadas por Santo Inácio são a Encarnação e o Nascimento. Embora as apresente com pontos muito elaborados – pois aproveita para introduzir este tipo de oração –, vê a necessidade de acompanhá-las com a Escritura para facilitar a entrada na contemplação de quem faz os exercícios. Uma vez que iniciamos a oração com os mistérios da vida de Cristo, Santo Inácio sugere uma série de pontos de oração para cada cena em relação aos textos bíblicos [cf. EE 262 em diante]. Para a Encarnação, nos põe diante dos olhos um tríptico de cenas: o mundo em sua diversidade e também em seu pecado, a Trindade, e Nossa Senhora em Nazaré. A situação da criação que espera redenção pode iluminar-se com Rm 8,18-25; o olhar da Trindade, que se concretiza na encarnação do Filho, com Fl 2,5-11; e, finalmente, a cena do envio do anjo e sua acolhida por Maria, com Lc 1,26-38. A passagem para orar o nascimento de Jesus, a encontramos em Lc 2,1-20, que ademais permite distinguir entre as anteriores e o nascimento propriamente dito, por um lado, e a posterior visita dos pastores, por outro. Em qualquer caso, convém sempre ter em conta as indicações dos pontos inacianos, particularmente significativas para esta segunda contemplação.

As referências para os demais mistérios da infância de Jesus que se podem propor (apresentação no Templo, fuga ao Egito, vida oculta em Nazaré, Jesus perdido e encontrado no Templo) aparecem nos evangelhos da infância (Lc 2 ou Mt 2). Em concreto, pode apresentar alguma dificuldade a mínima referência à vida oculta de Jesus nos evangelhos: apenas quatro versículos (Lc 2,39-40.51-52). Além de poder simplesmente enfrentar a escassez de textos como um sinal desse mesmo ocultamento, pode-se também partir de passagens posteriores da vida pública e de Jesus que aparece nelas, rastrear para trás as chaves e vivências que teriam acompanhado a vida de Jesus nos anos de Nazaré. Como exemplos, podem valer os momentos nos quais Jesus ora, ou a sabedoria que encontramos em suas parábolas.

Depois dessas contemplações, Santo Inácio apresenta duas meditações compostas por ele, que buscam dispor o exercitante para poder entrar no tempo de eleição ou de reforma de vida. A primeira, a *meditação das Duas Bandeiras,* busca trazer lucidez ao exercitante. A ilustração em linguagem evangélica dessas duas lógicas de valores radicalmente opostos e confrontados, nós a encontramos na proclamação que Jesus faz das bem-aventuranças e das maldições (Lc 6,20-26). Por sua parte, a parábola do trigo e do joio (Mt 13,24-30) nos recorda a coexistência desses dois mundos e a impossibilidade de suprimir o mal, enquanto Ef 6,10-18 nos fala da necessidade de nos dispor para o combate espiritual.

Na segunda meditação, denominada "jornada inaciana", *os três binários,* Santo Inácio apresenta três atitudes distintas diante de uma mesma situação humana de posse, no que resulta ser um teste de autenticidade sobre nossa liberdade afetiva. A passagem do homem rico (Mc 10,17-22) ilustra bem o *primeiro modo* de resposta, ou melhor, de não resposta, pois o protagonista acaba se evadindo do encontro com Deus e, instalado em suas posses, evita os questionamentos. É preciso observar dois traços do texto de Marcos: ele nos diz literalmente que Jesus amou o homem que se aproximou dele – não somente que o olhara com carinho, como às vezes se traduz –, e não menciona a idade. Mateus, sim, o considera jovem, mas Marcos pensa que não há idade na qual estejamos livres de poder rechaçar o amor que Jesus nos oferece, em razão de nossas dependências afetivas.

A *segunda* atitude é a de quem quer que Deus venha até onde ele está, com um ponto de negociação e autojustificação. Trata-se do seguimento com condições, que descobrimos nas duas breves cenas de Lc 9,59-62, ou de uma vontade infinita de pôr todos os meios de sua parte, como ocorre com as virgens imprudentes da parábola (Mt 25,1-13). Em contrapartida, há o terceiro binário, ou o tipo de pessoa que deseja de verdade e aceita os meios que Deus lhe pede sem condições. É a indiferença da pessoa que confia e que está plenamente aberta ao que Deus queira colocar em seu coração. É a atitude de Abraão (Gn 22,1-19), de Maria (Lc 1,26-38) e de Jesus no horto (Mt 26,36-46).

Por último, para *os três modos de humildade,* novamente uma série de textos pode acompanhar sua consideração. São textos muito breves, pois a proposta inaciana é considerar estas três possíveis maneiras de relação e de amizade com Jesus em vários momentos durante o dia [EE 164]. A *primeira maneira* é a fidelidade, mas talvez com certa distância. Pode representá-la a imagem do homem rico que cumpriu todos os mandamentos desde jovem (Mc 10,20). A *segunda,* a encontraríamos refletida no oferecimento generoso e incondicional a Jesus de um discípulo anônimo (Lc 9,57). Quanto à *terceira,* a encontraríamos na identificação com Jesus, que veio para servir e dar a vida (Mc 10,44-45; Jo 12,24-26), ou bem encarnada em Paulo, quando este afirma: "já não sou eu que vivo, é Cristo que vive em mim" (Gl 2,20).

Diretório breve sobre a Segunda Semana (B)

A separação desta semana em duas partes tem somente um sentido prático, ao apresentá-la assim neste diretório breve, pois a unidade da Segunda Semana, apesar de ser a mais complexa de todas, é evidente[6]. Toda ela está centrada em um seguimento efetivo e afetivo de Jesus ("contigo e como tu és") e confronta decididamente o exercitante com a pergunta ao Senhor que se arrasta desde a Primeira Semana: "O que devo fazer?" [EE 53]. Santo Inácio cuida muito em dispor a pessoa para receber a resposta e em garantir que o autoengano não prevaleça nela.

Com esta finalidade, e aprendendo com sua experiência pessoal vivida em Manresa no regresso de sua viagem a Jerusalém, Santo Inácio recomenda dois pilares que considera igualmente necessários e básicos para o exercitante: primeiro, fazer e manter essa pergunta diante de Cristo nosso Senhor "enquanto contemplamos sua vida" [EE 135]; e, segundo, não buscar posteriormente "seu próprio amor, seu querer e o próprio interesse" ao examinar as respostas intuídas [EE 179.189]. Para poder assegurar que os chamados vêm do Senhor e não são autoenganos, a Segunda Semana propõe consolidar o seguimento de Jesus sobre ambos os fundamentos.

As meditações inacianas e a "forma do exercício" da contemplação são os passos prévios oferecidos nos primeiros quatro dias da Segunda Semana para poder fazê-la realmente. Segundo os diretórios, é a partir do "quinto dia", e sob a epígrafe da "eleição", que se põe em marcha essencialmente esta semana. A quem dá os exercícios, sobretudo em um contexto alheio ao mês, deixa-se em suas mãos aludir ou não, e como, às *meditações inacianas*, enquanto apresenta as contemplações da vida pública de Jesus.

Tanto pelo espaço ocupado no livro dos exercícios como pelas explicações dadas nos diretórios, a eleição é o tema central desta

---

[6] Cf. para melhor compreensão desta segunda parte (B): A. Barreiro Luaña, SJ, *Los misterios de la vida de Cristo*, Bilbao/Santander, Mensajero/Sal Terrae, 2014; P.-H. Kolvenbach, SJ, *"Decir... al 'indecible'"*, *Estudios sobre los Ejercicios Espirituales de San Ignacio*; A. Sampaio, SJ, *Los tiempos de elección en los Directorios de Ejercicios*, Bilbao/Santander, Mensajero/Sal Terrae, 2004.

etapa dos exercícios. O interessante é interpretar bem o que Santo Inácio quer expressar com a palavra "eleição".

A eleição inaciana

A *eleição* em Santo Inácio não é somente um produto da própria liberdade (uma decisão), mas também *pedir para ser eleito* [cf. EE 147, 157 e 168]. Já nas *Anotações,* ao explicar o que são os *Exercícios,* Santo Inácio propõe um equilíbrio muito significativo entre fazê-los e recebê-los. Também aqui se reconhece idêntico equilíbrio entre a voz ativa e a voz passiva do verbo *eleger*[7]. Quem dá os *exercícios* não pode deixar de mostrar ao exercitante a riqueza particular desse termo no sentido inaciano, muito alheio de todo voluntarismo. De um modo significativo, também a "eleição" – como antes se tinha feito nos exercícios das Bandeiras, dos três tipos de pessoas e dos modos de humildade – se propõe orá-la com os três colóquios [cf. EE 199].

Tanto no livro dos *Exercícios* como posteriormente, em quase todos os *Diretórios,* a *eleição* ocupa um número elevado de páginas. Em alguma instrução pode ser conveniente apresentar ao exercitante o *Preâmbulo* [EE 169] e os três *tempos* ou situações para fazer *eleição.* Mas, na hora de animá-lo a fazê-la não se deve esquecer o conselho do *Diretório Oficial* – "de nenhum modo se deve dar eleição, e muito menos impor e forçar, a quem não a deseja" (*D.O.*, 170) – *e a recomendação inaciana aos jesuítas de Portugal* – "em dar eleições, eu seria raríssimo". O objetivo e a razão de ser mais habitual dos Exercícios não é a *eleição* do estado de vida, apesar de que muitas vezes foi apresentado formalmente dessa maneira[8].

Não seria justo esquecer que Santo Inácio deu a Xavier o mês de Exercícios após os votos emitidos em Montmartre, quando sua opção de vida já estava tomada. A mesma coisa acontecia desde o início, quando dava os Exercícios a outros sacerdotes ou religiosos

---

7   Por exemplo, o uso da voz ativa de *eleger* aparece em [EE 152, 167, 169, 172, 177, 184 e 185]. O uso da voz passiva, pelo contrário, em: [EE 135, 146, 147, 157, 168, 180 e 183].
8   M. Lop Sebastiá, SJ, "Para los Directorios, el fin de los Ejercicios no es ni mucho menos la elección", em *Los Directorios de Ejercicios, 1540-1599,* op. cit., 652.

ou leigos que não enfocavam a mudança de vida. Ou quando deixou prescrito nas Constituições que os jesuítas fizessem de novo o mês dos Exercícios no final de sua formação, quando já se passavam mais de dez anos de vida religiosa [Const. 71]. Para o criador do método, os Exercícios não tinham como fim necessário fazer a eleição.

Tampouco o tem hoje habitualmente para muitos exercitantes. Quem dá os Exercícios deve ter sempre presente a formulação do Diretório de Gil González – "não se admita ninguém à eleição sem que ele a peça e a deseje" – e, portanto, não deve reduzir a experiência a esse fim[9].

A reforma inaciana de vida

Em seu lugar, se é conveniente para todos os exercitantes e em toda classe de Exercícios, a *reforma de vida*, tal como a entende e a propõe Santo Inácio, animando-nos a sair decididamente de nós mesmos, ou mais bem expresso, de nosso "próprio amor, nosso querer e do próprio interesse" [EE 189][10].

Quando não tem sentido fazer uma eleição de vida ou quando não há "vontade bem firme para tomar decisão", Santo Inácio espera que se *mostre ao exercitante* "a maneira e o método de emendar e reformar a própria vida e o estado" [EE 189]. Às vezes, como diz o Diretório de Miró, o objeto da eleição está em coisas importantes, mas não é especialmente o estado de vida. Em qualquer caso, sempre se espera que a proximidade sentida junto ao Senhor na oração, assim como a ação de graças renovada desde a Primeira Semana, possibilite uma nova maneira de olhar a própria vida e seus hábitos.

Dedicar um tempo a ela é próprio de todo tipo de exercício inaciano, seja qual for sua duração. O exercitante "deve considerar e ruminar muito" na oração o que foi descobrindo no estilo e na lógica de Jesus ao contemplar sua vida. Para ajudar nesta consideração, Santo Inácio oferece as "regras para distribuir esmolas" [EE 337-344], que

---

9 A forma de fazer a "eleição", quando houver ocasião, é explicada posteriormente neste mesmo capítulo.
10 Cf. J. LAPLACE, SJ, *El camino espiritual a la luz de los Ejercicios ignacianos*, op. cit., 69-70.

são conselhos válidos para discernir a distribuição do tempo, da profissionalidade, do uso do dinheiro ou, em geral, de qualquer outro bem limitado na vida cotidiana. Sua aplicação se prolonga ordinariamente nas semanas seguintes até o final dos Exercícios[11].

Contemplando a vida pública de Jesus

Santo Inácio não concebe outra forma de se perguntar o que o Senhor quer de nós a não ser sob o pano de fundo da vida de Jesus. Por isso, considera forçoso relacionar sempre a contemplação e o discernimento, mutuamente implicados como dois trilhos paralelos. A recomendação inaciana sobre a eleição ou a reforma de vida sublinha que ambas as formas de discernimento somente podem ter fundamento e validez quando se fazem contemplando *conjuntamente* a vida de Jesus. Nunca à margem dela.

Para o exercitante, a Segunda Semana avança animando ao seguimento a Jesus nas cenas de sua vida pública, tal como as relatam os quatro evangelhos. Conhece-se melhor uma pessoa quando se é testemunha de sua atuação nas mais diferentes circunstâncias da vida e de suas reações diante de grande variedade de pessoas. Por isso, todas as cenas evangélicas da vida pública de Jesus podem servir-nos como matéria de contemplação. Quem dá os Exercícios deve apresentá-los não tanto para satisfazer a uma mera erudição bíblica (não é esse o caso), mas fundamentalmente para facilitar o maior "conhecimento interno do Senhor" [EE 104].

Todo o discorrer dos feitos e ensinamentos de Jesus pelos caminhos da Galileia e da Samaria foi conduzindo irremediavelmente à sua condenação final em Jerusalém. Aos olhos de seus inimigos, ele mereceu a morte por ter mantido sua mensagem, apesar das advertências que lhe fizeram. Aos olhos de seus discípulos e amigos, era evidente que, em sua fidelidade ao Pai, ele assumiu demasiados riscos. Apesar de um e de outros, é inevitável considerar como ele foi se aproximando da cidade santa, em sua última Páscoa, com plena

---

11 Como para a "eleição", a maneira de fazer a "reforma de vida" e a aplicabilidade das "regras de distribuir esmolas" são apresentadas posteriormente neste mesmo capítulo.

consciência de que ali se estava tramando para matá-lo. Tem mais densidade, então, contemplar como, nestas circunstâncias, e sabendo-se tão ameaçado, ele não mudou em nada sua atitude.

O criador dos Exercícios estimula a se interrogar pelos sentimentos e pela liberdade de Jesus nesta subida final a Jerusalém [cf. EE 287-288]. Também aproveita ao exercitante *sentir* a coerência interna entre o Jesus da vida pública e o de sua paixão e morte. Assim, se prepara melhor para entender a lógica entre a Segunda e a Terceira Semana dos Exercícios.

Textos bíblicos para a Segunda Semana (B)

Para acompanhar a Segunda Semana a partir do quinto dia, Santo Inácio propõe um itinerário concreto de textos do Evangelho, de "mistérios da vida de Cristo", como ele denomina.

A proposta inaciana

O tema principal é a eleição, e Santo Inácio quer que comecemos a "investigar e a pedir em que vida ou estado sua divina majestade se quer servir de nós", enquanto contemplamos a vida de Cristo nosso Senhor [EE 135]. Da mesma forma que Santo Inácio dá instruções para *fazer eleição*, ele oferece uma série de indicações sobre o número de mistérios da vida de Cristo a contemplar e o modo de fazê-lo [EE 158-159, 161-163], sugerindo ademais pontos para orar com eles [EE 273-288][12].

Do quinto ao duodécimo, Santo Inácio coloca um mistério por dia para quem dá os pontos; um mistério que é objeto dos cinco exercícios de contemplação, concluídos sempre com o colóquio dos *três binários*: a partida de Cristo de Nazaré ao Jordão e o Batismo, segundo Mt 3 [EE 273]; Cristo foi do Jordão ao deserto, segundo Lc 4 e Mt 4 [EE 274]; André e outros seguem o Senhor, remetendo às ce-

---

[12] Para aprofundar a questão dos mistérios da vida de Cristo cf. a exaustiva monografia de A. Barreiro, *Los misterios de la vida de Cristo,* op. cit. Também se pode consultar S. Arzubialde, SJ, Los misterios de la vida de Cristo nuestro Señor [EE 261-312], *Manresa* 64, 1992, 5-14; e J. Guevara, Mistérios de la vida de Cristo, em Gei (ed.), *Diccionario de Espiritualidad Ignaciana,* op. cit., 1.250-1.255.

nas do chamado nos quatro evangelhos [EE 275]; o Sermão da Montanha, das oito bem-aventuranças, em Mt 5 [EE 278]; a aparição de Cristo aos discípulos sobre as ondas do mar, segundo Mt 14 [EE 280]; como o Senhor pregava no Templo, segundo Mt 19 [EE 288]; a ressurreição de Lázaro em Jo 11 [EE 185]; e o dia de Ramos, segundo Mt 21 [EE 287]. E indica de qualquer modo que, segundo as condições do exercitante, as contemplações dessa Segunda Semana se podem abreviar ou prolongar [EE 162].

Dos mistérios escolhidos aparece mais a glória e a majestade de Cristo, que contradiz aparentemente o convite aos opróbios e às injúrias meditado nas *Bandeiras* e nos *três binários*. Apesar da primeira impressão, em palavras de P.-H. Kolvenbach, se descobre que "o Pantocrator é o mesmo servo paciente"[13]. Considerada em seu conjunto, a opção inaciana privilegia a ação de Jesus em comparação com seu ensinamento e seus milagres, assim como o Evangelho de São Mateus, o mais lido em seu tempo juntamente com o de São João. Assumindo a mudança nos acentos cristológicos entre aquela época e a nossa com respeito aos conteúdos, faltam mais encontros pessoais de Jesus, suas refeições, suas curas e seus exorcismos: e, sobretudo, alguma cena de conflito que explique o que o levou à morte e como ele reagiu diante disso. Por outro lado, na hora de facilitar a contemplação na dinâmica de "conhecimento interno do Senhor", própria da Segunda Semana [EE 104], é preciso ter em conta que Mateus é um evangelho menos narrativo do que Marcos ou Lucas, e sua cristologia é mais hierática, apresentando Jesus sobretudo como Senhor, Deus conosco (cf. Mt 1,23; 18,20).

Algumas sugestões complementares

Dado que o próprio Santo Inácio abre a porta para poder escolher outros mistérios da vida de Cristo [cf. EE 162], apresentamos algumas sugestões, tendo presente que a seleção do mistério a ser contemplado deve ser feita conforme a situação na qual o exercitante se encontra diante da eleição. Neste sentido, resulta essencial que a imagem de Cristo que se ofereça à contemplação seja a mais completa

---

13 Cf. S. Arzubialde, art. Cit., 9, que traz a citação de P. Kolvenbach.

possível e que os textos apresentem as distintas dimensões da pessoa e do projeto de Jesus em sua vida pública: Jesus ora e se relaciona com seu Pai; Jesus chama os discípulos a segui-lo; Jesus ensina e cura; Jesus sofre o conflito e caminha para Jerusalém. Este enfoque ajudará também a quem considera a reforma de vida, que deve ser feita sempre em referência ao estilo e à lógica de Jesus. Caso se assuma essa perspectiva, pode-se tanto partir da seleção inaciana e completá-la como esboçar um itinerário diferente, que em todo caso deve cuidar e tornar compreensível a transição para a Terceira Semana.

Nessa linha, oferecemos quatro sugestões práticas sem pretensão de esgotar a possibilidade de propostas, pois, sem dúvida, podem se encontrar outras ou apresentar as mesmas linhas com passagens similares de outros evangelhos:

> a) Cenas nas quais Jesus ora: Lucas é o evangelista que mais vezes apresenta Jesus orando, e faz disso um hábito (5,16). Em concreto, no confronto com Mateus e Marcos, explicita-o em momentos fundamentais da vida de Jesus, como antes de eleger os Doze (6,12), ou de perguntar por sua identidade a Pedro (9,18), ou no momento da transfiguração (9,28.29). Graças a Jesus, conhecemos o Pai (10,22), e sua oração leva seus discípulos a pedir-lhe que os ensinem a orar (11,1ss. Cf. 18,1ss.10-11).
>
> b) Encontros de Jesus nos quais ele não tem a iniciativa, como as curas do leproso ou da filha da mulher siro-fenícia (Mc 1,40-45; 7,24-30). São dois casos de cura não previstos por Jesus, mas nos quais a fé do suplicante sequer é aludida. Ademais, em ambos os casos, Jesus atravessa a fronteira da pureza-impureza; acontece a mesma coisa na vertente de encontro com uma mulher estrangeira; e assim sua vida se vê de alguma maneira alterada. Depois de curar o leproso, Jesus não pode frequentar lugares habitados (1,45), e depois de seu encontro com a mulher, empreende uma viagem pelo território pagão (cf. 7,31) que não tinha planejado, tendo em vista sua atitude prévia de passar inadvertido em 7,24.
>
> c) O conflito e a oposição experimentados por Jesus, que acolhe a cura do homem da mão paralisada no sábado (Mc 3,1-6). Esta perícope culmina em uma série de cinco controvérsias vividas por Jesus na Galileia por causa de seu poder de perdoar pecados, do

jejum e do significado do sábado (cf. 2,1–3.6), que expressam a novidade e o tempo de festa que sua pessoa traz, identificada com um noivo (cf. 2,19). A cura do homem, com o ato simbólico de colocá-lo em pé e no centro antes de curá-lo, visibiliza o dinamismo de inclusão do reino e atrai para Jesus a oposição de fariseus e herodianos, que se põem de acordo para arruiná-lo (3,6). Aprendemos que o conflito vivido por Jesus vem desde o início de sua vida pública na Galileia e não pode se reduzir à esfera religiosa.

d) O final do caminho de Jesus para Jerusalém pode facilitar a ponte com a Terceira Semana. Se nos fixamos na versão de Marcos, começa com o terceiro anúncio da paixão, segue com o pedido dos Zebedeus a Jesus e culmina com a cura de Bartimeu, o mendigo cego (Mc 10,32-52). Esta seção nos permite, em primeiro lugar, aceder ao modo com o qual Jesus enfrenta sua morte: está consciente do que lhe espera em Jerusalém, mas assume seu destino e segue caminhando diante de seus discípulos. Eles vão com medo e não o entendem – como reflete o pedido de postos de glória por parte dos Zebedeus –, mas ele continua ensinando-lhes seu estilo de humildade, entrega e serviço com paciência (10,43-45).

O encontro com Bartimeu aparece em claro contraste com o que precedeu. O cego grita em busca de Jesus: seu salto atirando o manto contrasta com a atitude do homem apegado à riqueza (10,17-22), e seu pedido, com o dos Zebedeus (10,37). Jesus lhes dirige a mesma pergunta que faz aos dois irmãos – "o que queres?" –, mas ele não pede postos de honra, somente voltar a ver, que em seguida descobrimos que significa voltar a ver Jesus e segui-lo pelo caminho, o caminho que leva a Jerusalém, o caminho que leva à cruz. Bartimeu nos ensina que a cegueira produzida pelas riquezas e a vanglória que nos impede o segmento somente se podem superar pela fé, que é a confiança em Jesus, expressada em seu grito e em seu salto. Em confronto com as dúvidas dos Doze, personifica o discípulo identificado com Jesus – na linha dos colóquios das *Bandeiras*, dos *três binários* e dos *Modos de Humildade* – e que o segue para onde vai. A partir daqui se podem entender melhor a entrada em Jerusalém e a unção de Betânia como antessala da paixão.

Instruções e regras da Segunda Semana

No início da Segunda Semana, nunca será demais que quem dá os Exercícios comunique de algum modo ao exercitante a inflexão estabelecida por Santo Inácio neste momento do processo. Com efeito, uma e outra vez coligem em seus diretórios, que, aos que terminarem a Primeira Semana sem mostrar "muito fervor e desejo de ir adiante", é melhor ampliar-lhes a Segunda, "pelo menos por um mês ou dois". A imagem de "deixá-los com sede ou fome" se repete depois em todos os Diretórios, até no Oficial.

Uma vez entrados na Segunda Semana, são quatro *as instruções* que se devem ou podem ser convenientes transmitir ao exercitante: *regras* com maior discrição de espíritos para a Segunda Semana [EE 328-336], instruções próprias para *fazer eleição ou emendar e reformar a própria vida e o estado* [EE 169-189], *regras no ministério de distribuir esmolas* [EE 337-344] e *notas para sentir e entender escrúpulos* [EE 345-351]. É evidente que nem todos esses documentos têm o mesmo valor, nem é igualmente oportuno apresentá-los sempre aos que fazem os Exercícios.

▪ AS REGRAS COM MAIOR DISCERNIMENTO DE ESPÍRITO

Se há algumas regras inacianas que devem ser apresentadas sempre a todo tipo de exercitante são estas. O Diretório de Miró é taxativo neste ponto – devem dar-se a todos os que se exercitam –, e o conselho é válido, mas ainda que para os principiantes, para os que "caminham muito adiante na via do espírito", porque nestes o autoengano "sob capa de bem" [EE 10] é ainda mais frequente e sutil[14].

No fundo, esses conselhos inacianos são importantes porque apontam para o que é mais nuclear nos Exercícios: a batalha permanente e nunca terminada entre o chamado de Jesus a descentrarmos de nós mesmo e a resistência do próprio *eu* a aceitar esse desafio. Todos os nossos enganos no discernimento radicam e se consolidam no anseio por encontrar um compromisso de ambos os polos. Uma e

---

14 Cf. mais ampliado em A. GUILLÉN, Los engaños em el discernimiento, *Manresa* 82, 2010, 15-25.

outra vez, em nosso *eu* pinçam tanto os demônios interiores – anseio de *êxito* pessoal – como os exteriores – valores de *realização* imanente –, e entre ambos nos obscurecem ou fazem opaca a ação de Deus[15]. A partir da meditação das *Duas bandeiras*, Santo Inácio assim o declara expressamente ao exercitante. Não é casual que a palavra "enganos" apareça pela primeira vez naquela meditação [EE 139] e se desenvolva ainda mais nestas regras. O que se chamou de "redes e cadeias" [EE 142] se chama agora, com mais determinação, de "enganos escondidos e perversas intenções" [EE 332].

Embora todas sejam e pretendam ser iluminadoras, as *regras* fundamentais são a *quinta* e a *sexta* [EE 333-334]. O exercitante deve ser advertido de que, se "no curso dos pensamentos" todos os passos percorridos não são bons – "inclinados a todo bem" –, e sobretudo se o final deles "termina em alguma coisa má, ou que distrai, ou menos boa" do que a pessoa se havia proposto fazer, "tirando-lhe a paz, tranquilidade e quietude que antes tinha", o autoengano é evidente. Ao dirigir o olhar para si mesmo, se espera do exercitante essa lucidez que costuma demonstrar ao perceber em outros os *enganos* a que estão atados, quase sem dar-se conta, e que Santo Inácio recomenda trazer à memória deliberadamente quando se faz uma eleição – "observando a regra e a medida que gostaria que ela tivesse" [EE 185, 339].

Para as pessoas espirituais, atender a esses conselhos permite manter a capacidade básica de todo discernimento, que passa sempre por saber captar a sutileza escondida do próprio eu. Daí sua importância. Porque, assim como aos que buscam a Deus, o conselho inaciano consiste em não parar de buscá-lo, assim também convém não esquecer que a fonte dos enganos brota de ter parado esta busca e de permanecer, pelo contrário, olhando-se complacentemente apenas a si mesmo[16].

---

15 Cf. José A. García, "Êxito" não é nenhum nome de Deus. Tampouco "fracasso", em *Ventanas que dan a Dios*, op. cit., 118-132; cf. também B. González Buelta, Ver o perecer, *Mística de ojos abiertos*, op. cit., 137.

16 Cf. Teresa de Jesús Plaza, El discernimiento espiritual como actitud permanente, *Manresa* 82, 2010, 41-52.

▪ FAZER ELEIÇÃO OU EMENDAR E REFORMAR A VIDA

Na longa e prolixa apresentação que o livro dos Exercícios oferece sobre "os tempos para fazer sadia e boa eleição", cada um dos três tempos tem sua própria definição e os meios particulares e diferentes de abordá-los. A distinção de "tempos" ou situações é marcada pelo maior ou menor grau de consolação em cada um deles. Mas, inclusive no menos consolador deles – "o terceiro tempo" –, para o qual se duplica os *modos* aconselhados para "fazer a eleição", esta não se dá por terminada sem uma prova do Senhor de tê-la "recebido e confirmado" [EE 183, 188]. Em outras palavras, o que o exercitante está perguntando ao Senhor em todo momento é como isso lhe parece. Para então *elegê-lo*, aceitá-lo e agradecê-lo com determinação.

No *Diretório Autógrafo* de Santo Inácio, o "segundo tempo de eleição" – "por experiência de consolações e desolações" – é avaliado como o mais acessível de todos, sugerindo esta forma de fazê-lo: "apresentar um dia a Deus nosso Senhor uma parte, outro dia outra, como quem apresenta diferentes manjares a um príncipe e observa qual deles lhe agrada". A recomendação volta a se repetir depois em todos os diretórios – "o segundo tempo é o mais elevado e o mais excelente" – e inclusive a mesma imagem do "manjar apresentado" é retomada pelo menos por Miró, Gil González Dávila e o Diretório Oficial.

Para o exercitante normal que pratica os Exercícios, não basta receber a explicação detalhada sobre os "tempos e modos de eleição", mas é necessário, sobretudo, ser animado a fazer uma reforma de sua vida "enquanto contempla a vida de Jesus" [EE 135]. Evidentemente, de um modo coerente com o espírito de todos os Exercícios. Isto é, não se apoiando em propósitos voluntaristas – que nunca asseguram o seguimento de Jesus –, mas solidificando-a na determinação de um pedido continuado com "os três colóquios", que é como a concebe Santo Inácio [EE 199]. Assim concebida, sempre é proveitoso para o exercitante receber esta instrução.

O modo de Santo Inácio enfocar a *reforma de vida* é peculiar. Muito longe de qualquer abordagem baseada no exame moral e na força dos propósitos – como é característico no método de *ver/jul-*

gar/agir, por exemplo –, o essencial da *reforma inaciana* é o discernimento e o pedido com os *três colóquios*. Na prática, isso passa por apresentar ao Senhor as *ocupações* da própria vida e escutar depois suas advertências no coração.

Se a imagem dos variados manjares apresentados a um príncipe teve êxito entre os primeiros companheiros para encenar como abordar a eleição em uma alternativa "entre coisas indiferentes ou boas em si", a imagem mais atual de um médico explicando uma radiografia pode servir para fazer compreender que é o médico, e não cada um em sua ignorância, quem deverá indicar e ponderar a importância das manchas que aparecem nela.

Do mesmo modo, a reforma de vida passa por escutar o que o Senhor diz sobre ela, e não o que podemos pensar ou considerar antes a respeito de cada um de nós. Porque, por desgraça e com frequência, nossa percepção narcisista se alimenta de lamentar defeitos que nem nos separam de Deus nem está em nossa mão eliminar; e não capta nem nos alerta, pelo contrário, da aparição de *atitudes* – mínimas – que nos centram no próprio *eu* e derivam de nosso amor-próprio oculto. Elas nos separaram realmente dele e dos demais. Por isso, a esse segundo campo, e não tanto ao primeiro, se dirige plenamente a *reforma inaciana*. Apresentada com humildade ao Senhor a radiografia da própria vida, espera-se dele que seja o primeiro em indicar-nos o que é normal e o que é perigoso nela; o que é que nos separa dele – como pareceu a Paulo antes de escutar "Basta-te minha graça; meu poder chega ao auge na fraqueza" (2Cor 12,9) – e quais são, pelo contrário, as *atitudes* que nos obscurecem sua presença.

▪ AS *"REGRAS PARA DISTRIBUIR ESMOLAS"*

Muito diferente é o caso destas *regras*. Embora se trate claramente de uns conselhos apropriados para fazer a reforma de vida[17], os Diretórios de Polanco e Miró não consideram necessário dá-las ou apre-

---

17 Utilizam-se idênticas palavras em ambos os documentos [EE 189 e 342], e ademais se diz assim expressamente [EE 343]. Cf. A. GUILLÉN, Reglas "distribuir limosnas", em GEI (ed.), *Diccionario de Espiritualidad Ignaciana*, op. cit., 1.550-1.552.

sentá-las a todos os exercitantes. Somente julgam oportuno oferecê-las para "aqueles que pareçam necessitar delas". É surpreendente que o Diretório Oficial determine que "não deverão dar-se senão aos que são ricos, e que costumam ou podem dar esmolas", porque, ao apresentá-las assim, se desfigura em boa medida seu alcance e significado. Depois de uma leitura atenta, é fácil descobrir que seu sentido é maior que esse.

Porque realmente não são "regras da esmola", mas do "esmolador" – "no ministério de distribuir esmolas..." [EE 337]. Então conhecida e frequente, Santo Inácio toma essa imagem do esmolador dos bispados ou das abadias para dar critérios de discernimento no uso específico dos bens limitados. A quem o esmolador deve dar a quantidade de dinheiro que lhe foi encomendado repartir aos pobres? Se der a seus parentes e amigos, sobretudo se reservar para o próprio desfrute, não está cumprindo a tarefa que lhe foi encomendada por seu senhor. Assim expostas essas *regras*, resulta imediata sua utilidade para discernir o uso que cada um deve fazer das qualidades ou *riquezas* recebidas de seu Criador e Senhor.

Corresponde a quem dá os Exercícios abrir os olhos do exercitante ao lhe apresentar estas *regras*, fazendo-o ver sua aplicabilidade prática em muitos campos da vida cotidiana. Na verdade, a todos aqueles nos quais qualquer preferência implica forçosamente o abandono ou a redução de outras dedicações. Porque são bens limitados – como o tempo, a profissão ou o dinheiro de que dispomos –, que não podem ser repartidos até o infinito. Daí que *a reforma de vida* não esteja concluída até que o exercitante ore e discirna bem seu ócio e sua agenda de livre eleição, e em consequência determine como distribuir, entre seus potenciais beneficiários, seu tempo livre, seus bens econômicos, suas faculdades pessoais e sua competência profissional.

▪ Notas para sentir e entender escrúpulos

Trata-se de outros conselhos de Santo Inácio para o momento da *reforma*, como um exemplo concreto da tentação narcisista que, sob aparência de maior humildade, termina distanciando a pessoa da misericórdia e da proximidade de Deus [EE 332][18]. A resposta é a mesma que a aconselhada quando alguém se dá conta do engano sofrido "sob aparência de bem": olhar a derivação enganosa daquilo que começou com bons pensamentos e aprender a lição "doravante" [EE 334].

Santo Inácio qualifica o escrúpulo como tentação do mau espírito, recomendando opor-se sempre fortemente a ele [EE 350-351]. Embora matize que, "por algum espaço de tempo, pouco aproveita à pessoa" para se purificar [EE 348]. O exercitante pode se lembrar da experiência sofrida por aquele *peregrino* no início de sua estadia em Manresa, e como, depois de ter sido longamente vencido pelos escrúpulos, um dia, despertou "como de um sonho" e, ao "olhar pelos meios com que aquele espírito viera", desmascarou o engano no qual estava e se afastou dele [Autob. 25].

Contudo, tendo em vista a neurose obsessiva que poderiam desatar, sem desejá-lo, em quem não a padece, todos os grandes diretórios coincidem em encarecer aos que dão exercícios que não ofereçam esses conselhos "aos que não são agitados por escrúpulos", mas somente "àqueles que pareçam necessitá-los".

Adições e complementos da Segunda Semana

"De maneira que se façam todas as dez adições com muito cuidado" [EE 130]: situada muito no início do processo da Segunda Semana, esta observação inaciana nos faz cair na conta de que as *adições* que foram dadas na Primeira Semana não são simplesmente conselhos para principiantes e, em consequência, prescindíveis à medida que se avança no percurso dos Exercícios, mas que é necessário seguir tendo-as em conta e dar-lhes a importância que merecem. Chama a atenção o fato de que, na medida da linguagem inaciana, apareçam nesta frase duas expressões de *reforço* (as dez que se indicam na Primeira Semana [EE 73-90]) "e muito", referida à atenção que se lhes deve prestar.

---

18 Cf. P.-H. Kolvenbach, Normas de San Ignacio sobre los escrúpulos em *Decir... al "indecible"*, op. cit., 183-197.

Os números 130 e 131 dos Exercícios fazem lembrar o papel necessário das adições. Ao mesmo tempo, indicam algumas mudanças de matiz nessas adições, vinculadas à matéria da Segunda Semana. São mudanças de matiz, não esquecimentos. E a expressão "muito cuidado", por uma parte, aponta para sua importância e, por outra, nos situa em uma chave de discernimento sobre o qual e o como dessas adições da Segunda Semana. Acredito que será bom sublinhar alguns dos acentos que Santo Inácio coloca nas adições dessa semana, para que quem dá Exercícios possa ajudar o exercitante "para mais aproveitar".

"Ter presente aonde vou e diante de quem" [EE 131]

Este número 131 dos Exercícios faz referência às adições 2ª e 3ª da Primeira Semana [EE 74-75]. Diante *de* quem? De "Deus nosso Senhor (que) me olha" [EE 75].

Penso que no número 131 está nos convidando ao "muito cuidado" do momento de entrada na oração e, com ele, do modo mesmo de nos situarmos na oração. Não somente do situar-nos fisicamente (também), mas do modo de nos situar interiormente: um cuidado de que nunca devemos desdenhar. Porque é muito importante o *como* nos aproximamos para orar... esta adição me suscita a lembrança daquelas palavras de Javé: "tira as sandálias dos pés, porque o lugar onde estás é uma terra santa" (Ex 3,5). Não se pode entrar na oração de qualquer maneira nem sem "nos descalçar" de muitas coisas e atitudes.

Quantas vezes temos de advertir aos exercitantes que não se trata de entrar na capela e sem mais preâmbulo nem mais advertência pegar o livro (embora seja o livro sagrado) e pôr-se a ler! Nem de entrar, sem pausa, nas anotações tomadas dos pontos.

Por uma parte, o "aonde vou e diante de quem" inaciano nos convida à quietude e à escuta na oração e, por outra, nos recorda vezes sem conta que qualquer oração é dom do Espírito, e porque é dom, é sempre fecunda – "A palavra de minha boca não volta para mim sem resultado" (Is 55,11). Como orantes, essa recordação nos situa em chave de humildade e confiança. Tudo isso não é pouco! Não é prescindível! Pois sempre estamos ameaçados pelo perigo de fazer *nossa* a oração: e, na medida em que é *nossa*, fazê-la é mais reflexão do que escuta, e viver a desolação como fracasso e a consolação como êxito, quando ambas não são outra coisa que dom e linguagem de Deus para nós [EE 322 e 324].

De tudo isso falamos aos(as) exercitantes no início dos Exercícios; mas seguramente não será demais lembrá-lo alguma vez ao longo do processo em pontos, práticas ou acompanhamentos.

"A oração preparatória seja a de costume" [EE 46, 91]

Santo Inácio não se cansa de fazer notar a importância da "oração preparatória de costume". Essa referência está presente no início de todas e cada uma das grandes meditações ou contemplações da Segunda Semana [ver: EE 91, 101, 110, 118, 121, 136, 149, 159]. É evidente que, com essa insistência, o santo está indicando algo muito importante.

A "oração preparatória de costume" [EE 46] é a que nos faz pedir graça para que tudo aquilo que fazemos e empreendemos "seja puramente ordenado em serviço e louvor de sua divina majestade". É a oração que nos lembra e nos chama sem sessar à *indiferença* do princípio e do fundamento: "somente desejando e escolhendo o que mais nos conduz para o fim para o qual somos criados" [EE 23].

Sempre é necessário pedir essa graça da *indiferença*. Sobretudo na Segunda Semana dos Exercícios, na qual se propõe a eleição ou a reforma de vida! Para assegurar que o amor que nos move e que reluzirá em todas as minhas decisões "desça do alto, do amor de Deus nosso Senhor" [EE 338].

Mas, na sequência dessa insistência, acredito que não é errôneo ver algo muito inaciano: sua *suspeita* de que inclusive a oração e toda atividade espiritual pode se perverter pelos enganos do inimigo mediante um ego egoísta e dominado por afeições desordenadas. Algo muito da Segunda Semana... que nos exige estar em constante vigilância e em constante petição da graça da pureza de intenção.

Com as mais formosas palavras podemos mascarar posturas predeterminadas; na base de frases evangélicas, podemos justificar (e justificamos, muitas vezes) atitudes que nada têm de evangélicas; de um modo, às vezes, muito ingênuo e muito sutil, podemos estar convertendo nossa oração não no caminho de ir para Deus, mas no caminho de forçar que Deus venha aonde nos convenha [EE 169].

A "oração preparatória de costume" nos aproxima da oração e da contemplação dos grandes mistérios da vida do Senhor com a atitude humilde de quem vai escutar, receber, aprender, deixar-se comover; a atitude de quem deseja que o Senhor lhe dê sua luz e a graça de fazer do desejo de Deus o desejo de seu próprio coração [EE 180], que é o núcleo da eleição inaciana.

E o pedimos, às vezes, porque necessitamos muito e porque é decisivo. A "oração preparatória de costume" não é um trâmite, mas, muitas vezes, e em momentos decisivos dos Exercícios, é do que mais necessitamos ao colocar-nos a contemplar ou a *eleger*. Valorizar o sentido dessa oração e *resgatá-la* da rotina ou do esquecimento será sempre um bom serviço que quem dá os Exercícios pode prestar a quem os faz. Certamente, se em um tempo de oração não passamos da "oração preparatória de costume", perdemos o nosso tempo para nada.

"...enquanto contemplamos... investigar e perguntar" [EE 135]

Esta frase inaciana está cheia de conteúdo e de intenção. Cada uma de suas palavras e a relação entre elas são enormemente significativas. São muitas as coisas que se poderiam dizer, mas, no contexto desta reflexão sobre as *adições*, quero fixar-me somente em um aspecto.

A Segunda Semana é basicamente a contemplação dos mistérios da vida do Senhor. Mas a partir de onde se contempla? Qual é a intenção desse contínuo olhar contemplativo? Não é uma questão prescindível nos Exercícios inacianos. O exercitante que contempla "os mistérios da vida de Cristo" não é um turista, nem um espectador curioso, sequer um devoto observador ou um observador devoto. É alguém que "investiga" e "pergunta".

O exercitante se aproxima dessas contemplações a partir da pergunta pelo chamado do Senhor para sua vida e da oração para encontrar em sua contemplação graça e luz do Senhor sobre uma questão tão decisiva. É um contemplativo interessado e apaixonado: interessado em algo que para ele é decisivo; e apaixonado em seu desejo de buscar, encontrar *e responder ao amor de Cristo*.

A seleção de mistérios da vida do Senhor que Santo Inácio faz [EE 261-288] responde a esse projeto, não é uma seleção qualquer. Essa seleção é orientadora para a seleção que quem dá Exercícios deverá propor.

Está em jogo a fidelidade ao processo dos Exercícios em *situar* adequadamente a contemplação e o exercitante que contempla. Em algum momento, e antes de iniciar as contemplações, será necessário que, de um modo ou de outro, quem dá os Exercícios lembre ao exercitante o a partir de onde e o para que contempla: *"enquanto contempla"*, começará a "investigar e perguntar" o que o Senhor está pedindo neste momento e nesta circunstância concreta de sua vida.

> *"...muito aproveita ler, em alguns momentos, trechos de livros como* **A Imitação de Cristo,** *os* **Evangelhos** *ou sobre a vida dos santos"* [EE 100]

Creio que esta observação inaciana deve ser tida em conta em razão de sua amplitude, mas também de todos os seus matizes.

Confesso que pessoalmente não sou muito partidário de que os exercitantes abundem em leituras no tempo de Exercícios. Por uma parte, creio que é bom dedicar tempo a *saborear o* que se vai contemplando além do tempo estrito de oração; por outra, creio que o tempo de Exercícios não é, em primeira instância, um tempo de formação teológica, muito menos de *recuperação* de leituras atrasadas.

Entretanto, Santo Inácio diz que "muito aproveita" neste tempo uma leitura espiritual. Contudo, indica dois matizes que me parecem importantes:

> 1) Com respeito ao tempo dedicado a esta leitura: "alguns momentos". Creio que a expressão inaciana indica tempos limitados e medidos.
>
> 2) Com respeito ao tipo de leituras que recomenda: não se trata tanto de leituras especulativas quanto de leituras de testemu-

nhos pessoais que iluminam e estimulam ao seguimento de Jesus. Biografias, livros de memórias espirituais, diários pessoais de testemunhas da fé... Em definitivo, livros que vão ajudar naquilo que é o objetivo básico da Segunda Semana: "não ser surdo ao chamado do Senhor" [EE 91].

CAPÍTULO 5

A Terceira Semana

Diretório breve sobre a Terceira Semana

A Terceira Semana está apresentada nos Exercícios sem descontinuidade alguma com a Segunda Semana [EE 116 e 206]. O exercitante é estimulado a *sentir e saborear* o que já sabe por sua fé: que a paixão e a morte de Jesus foram a consequência anunciada e previsível de sua vida pública. As últimas cenas contempladas na Segunda Semana mostraram Jesus tomando a opção livre e voluntária de subir a Jerusalém, apesar de saber que ali ele é fortemente questionado e ameaçado.

A partir desta entrega assumida livremente por Jesus, o enfoque inaciano da Terceira Semana apoia-se em três considerações-chave: o amor que Jesus mostra, mais forte que o sofrimento de que padece [EE 195]; a purificação que o cristão faz da imagem de Deus na Sexta-feira Santa [EE 196]; e o aprendizado espiritual que o seguidor de Jesus pode tirar da contemplação desses mistérios [EE 197]. Estas três considerações marcam o caráter próprio da Terceira Semana[1].

Um amor mais forte que o sofrimento

Santo Inácio pede ao exercitante que nas cenas da Paixão não se fixe tanto em que Jesus *padece* quanto em que "quer padecer" [EE 195]. A voluntariedade que marcou sua subida a Jerusalém é a que conti-

---

1 Cf. A. García Estébanez, SJ, Tercera Semana, em Gei (ed.), *Diccionario de Espiritualidad Ignaciana*, op. cit., 1.701-1.703; A. Guillén, La originalidad ignaciana de la tercera semana, em *Manresa* 83, 2011, 339-350; P.-H. Kolvenbach, La Pasión según San Ignacio, em *Decir... al "indecible". Estudios sobre los Ejercicios Espirituales de San Ignacio*, op. cit., 91-100.

nua expressando essencialmente o sentido profundo de todos os sofrimentos padecidos por Jesus até sua morte na cruz. Os aspectos cruentos da Paixão, comum aos evangelistas, passam para Santo Inácio a um segundo plano, menos interessante. O fundamental é contemplar o amor com que Jesus se aproximou de seu final e como o manteve intacto até o término de sua vida.

Os momentos em que se refere à dor de que padece são como estar falando do *continente* para assinalar o *conteúdo*. O *conteúdo* da Paixão é o amor de Jesus, que se mantém intacto acima dos ultrajes e do ódio recebido. Nem o desamparo de seus discípulos, a traição de um amigo, as mentiras ou a maldade dos inimigos, o desagrado insultante das pessoas conseguem fazer com que Jesus deixe de reagir como sempre fizera: com amor e atenção a Pedro e a Judas, às mulheres que choram, ao bom ladrão, inclusive aos que o insultam "porque não sabem o que fazem".

Não é estranho, portanto, que da contemplação de um amor tão incondicional brote uma consolação grandiosa e acentuada em toda a Terceira Semana. Santo Inácio, que iniciou estas contemplações propondo ao exercitante entrar nelas com veneração e consternação diante de "tanta dor e tanto padecer de Cristo nosso Senhor" [EE 206], não hesita em afirmar que, ao olhar mais a fundo o amor que explica a atuação de Jesus em sua Paixão, notará ardor no coração, caridade e esperança acentuadas, alegria interna e pacificação da alma [EE 316]. A consolação é frequente na Terceira Semana.

Ao cristão, Deus se revela na Paixão

Tradicionalmente, a Paixão sempre foi o lugar privilegiado para purificar a imagem de Deus. Vezes sem conta, ao repassar as cenas, nossa imagem espontânea da divindade nos choca frontalmente com o que chamamos de silêncio de Deus, quando na primeira Sexta-feira Santa, e em tantas menores sextas-feiras santas posteriores, o mal parece triunfar. Para não poucas pessoas, essa experiência provoca e justifica um claro ateísmo conjuntural e permanente. Para os crentes cristãos, em compensação, essa experiência permite purificar a imagem de Deus.

Tanto a quem dá como a quem faz os Exercícios, Santo Inácio pede para que encare essa necessidade de purificação. Para isso, a segunda perspectiva que propõe na Terceira Semana é considerar bem este *silêncio* de Deus na Paixão, porque "poderia destruir a seus inimigos e não o faz", e, pelo contrário, "deixa padecer cruelmente a Jesus" [EE 196]. Pouco depois, na Quarta Semana, Santo Inácio sublinhará que Deus "parecia esconder-se durante a paixão" [EE 223], e com esta nova percepção corrigirá a interpretação primeira e comum de supor que *se escondera*. Porque o Mistério Pascoal ensina ao cristão que na ausência de Deus existe a Palavra. O cristão entende e *sente* que, diferentemente de nós, Deus não vence destruindo, mas dando sentido positivo a tudo. Seu poder não se dirige a eliminar o mal, que é fruto originário e exclusivo da liberdade humana, mas a iluminá-lo e vencê-lo com o bem.

Tudo isso explica que a Paixão somente pode ser contemplada corretamente a partir da Ressureição, como os evangelistas fizeram desde o primeiro momento. A pergunta "por que era necessário passar por aí?" – como indicará o Ressuscitado aos discípulos de Emaús (Lc 24,26) – não pode ser omitida nunca. Ao fazê-la, diante do Ressuscitado, o exercitante realmente está se perguntando como é Deus.

As lições para nosso proveito espiritual

Os Diretórios de Gil González Dávila, de Cordeses e o *Diretório Oficial* repetem que, por ser importante, *o afeto da compaixão* não pode ser o único fim buscado na Terceira Semana, e que nela "devem procurar-se simultaneamente outros afetos mais úteis para o nosso aproveitamento espiritual". A recomendação é dedução lógica da terceira consideração que Santo Inácio propõe: "Tudo isso é por mim" [EE 197 e 203].

Com efeito, fixando-se em Jesus, o exercitante pode ter um modelo a seguir para não se quebrar nem perder o horizonte nas inevitáveis e desconcertantes *sextas-feiras santas* que o aguardam na vida. Quando chegam as traições, os fracassos, os abandonos, os desagrados, as mentiras, as injustiças e a morte, então, a tentação, inclusive para o cristão, pode ser omitir-se do amor recebido e justificar uma resposta de amargura, egoísmo, autofechamento ou vingança. Nada disso aparece em Jesus na quinta-feira santa. Nem os bofetões arbitrários, nem as sentenças injustas o impedem de se preocupar por Pedro, por Judas – que, diferentemente de Pedro, não se aventurou a resistir ao olhar do mestre, e por isso se enforcou – e por todos os seus ao pé da cruz. Jesus morre agradecendo com o salmista a fidelidade do Pai a todos (Sl 22).

O exercitante necessitava que um guia próximo e valente como Ele o ensinasse a viver as *passividades de diminuição* da vida, em terminologia de Teilhard. Com seu esforço e seus padecimentos, em sua Paixão, Jesus nos mostrou que é possível, olhando para o Pai, passar sem se quebrar pelas experiências humanas mais difíceis. Nada humano ficou fora de sua mensagem aberta e carregada de esperança. Todo o mal possível foi iluminado. Quando Santo Inácio sugere então ao exercitante que se pergunte "o que deve fazer e padecer por Cristo" [EE 197], é porque não duvida que, graças a Jesus, todo cristão pode aprender como deve viver os padecimentos, e como estes, quando bem assumidos, podem ser expressão de um amor ainda maior.

A culminação da eleição, ou a reforma

Ademais, a Terceira Semana é o momento previsto para confirmar e concluir a eleição, ou, mais frequentemente, a *reforma inaciana* [EE 199]. Para isso, Santo Inácio insere aqui, no texto principal do livro – em um lugar paralelo ao que tinha ocupado na Segunda Semana "tempos e modos de eleição" –, as "regras para se ordenar no comer de agora em diante" [EE 210-217]. Apesar da desorientação que possa resultar de seu título restrito, são conselhos dirigidos a ordenar as dependências, os vícios e, em geral, todas as escravidões compulsivas que podem nos aparecer na vida. Porque também nelas o bom seguidor de Jesus está chamado a ser "senhor de si" [EE 216], fazendo com que "a sensualidade obedeça à razão" [EE 87]. Parece a Santo Inácio que a Terceira Semana, com suas contemplações de identificação mais afetiva com Jesus, pode ser o melhor momento para que se revelem ao exercitante suas dependências ainda não confessadas[2].

---

2 As "regras para ordenar-se no comer" são explicadas posteriormente neste mesmo capítulo.

Conclui-se a *eleição* como foi iniciada: "enquanto contemplamos a vida de Jesus" [EE 135]. Santo Inácio volta a lembrar que se façam os cinco exercícios diários de oração. Embora acrescente, com sua característica flexibilidade, que, segundo a idade, a disposição e o temperamento – *temperatura* – do exercitante, podem ser "menos" [EE 205].

Na passagem da Terceira para a Quarta Semana, o exercitante está com Maria. Depois de sepultado Jesus, propõe-se ao exercitante acompanhá-la em sua soledade, tão diferente daquela dos discípulos – "considerando a solidão de Nossa Senhora em tanta dor e fadiga; depois, igualmente os discípulos" [EE 208]. Não é desacertado entender que dessa maneira se está animando ao exercitante a pedir "conhecimento interno de Maria, para imitar sua esperança". Porque naquele Sábado Santo ela nos ensinou a manter plenamente a memória agradecida e, assim, a iluminar o mistério pascal em nossos *sábados santos*.

Textos bíblicos para a Terceira Semana

Antes de entrar propriamente na matéria, é preciso recordar o que afirmávamos no capítulo anterior sobre a conveniência de cuidar da transição entre a Segunda e a Terceira Semana. Santo Inácio fecha a Segunda Semana com a contemplação do Dia de Ramos, adiantando para o dia décimo a contemplação da pregação de Jesus no templo de Jerusalém. Na seleção e na ordem de mistérios que apresenta, talvez não fique bem claro por que assassinam Jesus, de maneira que seria necessário prestar especial atenção para ajudar o exercitante a fim de que ele possa experimentar a continuidade entre essas duas Semanas dos Exercícios [EE 206].

A proposta inaciana

Sobre o conteúdo da Terceira Semana, Santo Inácio já advertiu no início dos Exercícios que corresponde à paixão de Cristo nosso Senhor [EE 4]; em consonância, quando chega o momento, inicia-a com a contemplação da ceia e a conclui com a sepultura de Jesus e a soledade de Nossa Senhora. Para as duas primeiras contemplações, dá pontos detalhados, e na segunda – "do horto até a ceia" –, inclui o pedido próprio da paixão: "dor com Cristo doloroso, abatimento com Cristo abatido, lágrimas, pesar interno de tanta pena que Cristo passou por mim" [EE 203]. Em continuidade com a Segunda Semana, o foco de atenção continua sendo o Senhor, a quem se deve acompanhar

A exposição inaciana é exaustiva. Em contraste com a Segunda Semana, Santo Inácio não realiza nenhuma seleção de mistérios, mas faz referência a todas as cenas da paixão, que distribui ao longo dos seis dias, acrescentando um dia a mais para a repetição do conjunto: ceia, horto, Anás e Caifás, Pilatos, Herodes, cruz, sepultura [EE 190.200.208]. Para todos esses mistérios, oferece pontos [EE 239-298], deixando, entretanto, a margem usual para que se possa alongar ou abreviar [EE 209].

De acordo com P. Kolvenbach, indicamos alguns traços da "paixão segundo Santo Inácio"[3]:

- seu aspecto intemporal: Santo Inácio não retém nenhuma das indicações temporais dos evangelhos. A Paixão se move fora da cronologia, no eterno presente de Deus, o *hoje divino*;
- entretanto, não é estática, pois oferece um itinerário. Santo Inácio identifica as contemplações marcando um caminho a percorrer: "desde... hasta". De fato, esse caminho começou no nascimento de Jesus [EE 206; cf. 116];
- a mudança de nome para se referir a Jesus: em vez de "Cristo, nosso Senhor", o "Cristo", o "Senhor", Santo Inácio introduz agora outros títulos, como "Jesus Galileu" ou "Jesus Nazareno". A divindade se esconde;
- a passagem do Cristo ativo da Segunda Semana ao Cristo servo paciente da Terceira. Além dos evangelhos, Santo Inácio acentua a passividade de Jesus e sublinha que a onipotência divina se revela na impotência humana. Jesus aparece apenas uma vez nos pontos inacianos como sujeito ativo – para levar a cruz; e sequer a suporta [EE 296];

---

3   P.-H. Kolvenbach, La pasión según San Ignacio, em *Decir... al "indecible"*, op. cit., 93-97.

– a passividade não é negatividade: Santo Inácio indica que Cristo "quer padecer". A divindade tem a iniciativa de deixar a humanidade padecer, e isso "por meus pecados" [EE 195-197].

Em conjunto, Santo Inácio propõe o relato evangélico como uma sequência que mostra que o caminho do *magis* é o do *minus*. Fica de manifesto que o objetivo dessa Semana não se esgota no pedido que busca a *com-paixão com Cristo*, mas que oferece a Jesus como modelo que deve configurar nosso seguimento, integrando nossa ação e nossa passividade: "o que devo fazer e padecer por ele" [EE 197].

Perspectivas bíblicas

Os quatro evangelistas coincidem na atenção prestada às últimas horas de Jesus e em vinculá-las a toda a sua vida. Ademais, apresentam a mesma série de acontecimentos, embora a narração de cada um siga um modo próprio que responde a seu projeto literário e teológico. Cada evangelista mostra seus próprios matizes tanto na paixão como em outros aspectos da vida e da obra de Jesus. A recomendação seria, portanto, escolher um evangelho e segui-lo durante toda a paixão para reconhecer a riqueza e a particularidade de cada um. O mal a evitar seria a fusão de relatos em uma leitura combinada de todos os evangelhos e forçar uma coincidência a todo custo[4].

Para nossas sugestões, guiamo-nos pelos sublinhados inacianos. O primeiro, *um amor mais forte que o sofrimento*, fica perfeitamente enquadrado a partir da contemplação da ceia, com lava-pés no capítulo 13 de João e a instituição da eucaristia segundo um dos três sinópticos. Santo Inácio dá pontos para as duas cenas conjuntamente e assinala que a segunda responde a um "grandíssimo sinal de seu amor" [EE 289]. Embora neste caso a proposta seja recorrer a dois evangelhos, não se trata de fundi-los, mas de entender a eucaristia e o lava-pés como dois lados complementares da mesma moeda. Am-

---

4   Para um tratamento básico deste tema, em que se apresentam os relatos da paixão dos quatro evangelhos, cf. P. Alonso, SJ, La Pasión de Cristo, núcleo y clave del Evangelio, *Manresa* 83, 2011, 317-326.

bos os relatos se entendem melhor quando relacionados. Ambos antecipam a entrega de Jesus na cruz; ambos mostram seu amor e estão vinculados à criação da comunidade de seus seguidores.

As outras duas linhas – *a purificação da imagem de Deus e o aprendizado espiritual por parte do exercitante* – se cultivarão ao longo da paixão. Os quatro evangelhos proclamam claramente que o Jesus que morre na cruz é o Filho de Deus (cf. Mc 15,39; Mt 27,54; Lc 23,40-46; Jo 13,1-3 e 19,30), culminando assim a revelação de sua identidade. O Deus que sofre e morre confronta tanto nossas imagens dele como nossas construções sobre onde e como podemos encontrá-lo.

Por sua parte, um modo de facilitar o aprendizado do exercitante em seu seguimento pode ser adotar a perspectiva dos discípulos na paixão. Marcos pode ser muito útil neste ponto, dado o retrato crítico que oferece dos discípulos (Judas, Pedro e os Doze), que desaparecem da narração, enquanto surgem novos seguidores: Simão de Cirene (15,21), o centurião (15,39), Maria Magdalena, Maria de Santiago e Salomé – que sabemos agora que seguiram e serviram a Jesus desde a Galileia (15,40-41.47) – e por último José de Arimateia (15,42-46)[5].

Também João pode ajudar, a partir da introdução do "discípulo amado" que faz em seu evangelho, precisamente na paixão. A primeira ocasião em que o nomeia é na última ceia, quando nos diz que um dos discípulos, "aquele a quem Jesus amava", estava ao lado de Jesus, e Pedro se dirige a ele para que pergunte a Jesus quem é que o trairá (13,23-24). Depois está presente na cena da crucificação, acompanhando Maria, a mãe de Jesus, ao pé da cruz. Ali Jesus os confia um ao outro, como mãe e filho (19,25-27). Voltará a aparecer mais tarde nos relatos da ressurreição, mas já bastam estas duas cenas para que surja diante de nós como um discípulo modelo que é amado por Jesus e que o ama, que goza de sua intimidade, que permanece fiel até a cruz e a quem é confiada a mãe do Senhor. A tradição o identificou com João, filho de Zebedeu, mas o certo é que no quarto evangelho permanece anônimo, convidando, assim, à identificação do segui-

---

5 Cf. ibid., 320-321.

dor de Jesus com ele. Em uma linha similar, pode-se também colocar a contemplação da paixão segundo São João acompanhando Maria, modelo de todo crente, pois é o único evangelista que a situa ao pé da cruz. Junto a ambos pode-se viver a soledade do Sábado Santo.

Para acrescentar uma palavra final sobre Mateus e Lucas[6], o primeiro permanece, em conjunto, muito próximo de Marcos. Além de proporcionar alguns detalhes, seus acréscimos reforçam a cristologia do Filho de Deus e também refletem o conflito que sua comunidade vivia com o judaísmo de seu tempo. Em concreto, alguma nota antijudaica, como a de Mt 27,25, parece esquecer inclusive que Jesus foi judeu. Quanto a Lucas, percebemos como ressalta a misericórdia e a serenidade do Senhor; melhora a imagem dos discípulos, que aparecem mais perto de Jesus se comparamos com Marcos; e está sempre atento a seus destinatários de cultura pagã, proporcionando alguns dados que nos surpreendem: Pilatos não condena a Jesus, os romanos não o açoitam, o centurião o declara inocente, e não há referências ao Templo de Jerusalém.

Instruções e regras da Terceira Semana

Quando quem dá os Exercícios chega à Terceira Semana, descobre que Santo Inácio lhe pede para dar pontos de contemplação muito intensos e profundos sobre a Paixão do Senhor, ao mesmo tempo que lhe oferece quase absoluta carência de instruções e de regras para os acompanhar. Somente umas "regras para se ordenar no comer de agora em diante" [EE 210-217], aparecidas excepcionalmente no texto principal do livro, mas de difícil interpretação em uma primeira leitura. Não é estranho, portanto, que muitos dos que dão Exercícios prescindam delas. Contudo, são importantes e provavelmente seja sempre conveniente comunicá-las ao exercitante.

• AS REGRAS DA TEMPERANÇA

É verdade que vários diretórios, e o próprio *Diretório Oficial*, as interpretam simplesmente como "regras da penitência", algo que pa-

---

6 Cf. ibid., 321-323.

rece ter sido sugerido pelo fato de oferecê-las na Terceira Semana. Entretanto, se Santo Inácio afirmou anteriormente que "penitência é quando tiramos do conveniente" e que, pelo contrário, "quando tiramos do supérfluo, não é penitência, mas temperança [templanza]" [EE 83], deve-se reconhecer que estes conselhos estão em sua maior parte dirigidos à temperança, e não à penitência. Com razão, e contrariamente ao *Diretório Oficial*, em 1609, Francisco Suárez as denominou de "regras da temperança"[7].

O horizonte de sua interpretação amplia-se muito mais porque situam esses conselhos como complemento da *eleição* ou da *reforma de vida*. Com efeito, esses dois exercícios, que devidamente se prolongam na Terceira Semana [EE 199], esperam sempre que a sensibilidade colabore com a opção tomada pelo entendimento e pela vontade – "que a sensibilidade obedeça à razão" [EE 87] –, para que não dê em nada a decisão já tomada na *eleição* ou na *reforma*. Entretanto, embora seja certo que a sensibilidade fortalece e estabiliza o afeto, tampouco se pode esquecer que está submetida ao açoite das dependências e dos vícios compulsivos.

No tempo de Santo Inácio, as mais frequentes delas nasciam do *comer*. Por isso, a ninguém estranhou então que a primeira definição que ele formulara do seguimento adotasse esta forma: "quem quiser vir comigo há de contentar-se com imitar-me no comer, e assim no beber, etc." [EE 93]. Mas tanto no exemplo do *comer* – que dá origem ao título destas *regras* – como no maior número de exemplos que hoje conhecemos de vícios e escravidões compulsivos – por exemplo, a bebida, as ludopatias, o consumismo, a pornografia –, a mensagem reiterada por Santo Inácio é que não se tem acesso à liberdade desejada diante delas por um esforço ascético, mas sobretudo por contágio do modelo a imitar: Jesus.

Daí que a mais importante dessas *Oito regras* seja a *sétima* [EE 216]: cuidar para que, como Jesus, o exercitante seja "senhor de si",

---

7 Francisco Suárez, SJ, *Los Ejercicios Espirituales de San Ignacio. Una defensa*, Bilbao/Santander, Mensajero/Sal Terrae, 2003, 135-157; cf. A. Guillén, Reglas para ordenarse en el comer, em Gei (ed.), *Diccionario de la espiritualidad ignaciana*, op. cit., 1.553-1.555.

isto é, que possa responder plenamente com toda a sua pessoa nos momentos decisivos de sua vida – eleição ou reforma –, sem deixar que as escravidões sensíveis ou os bloqueios que possa encontrar em si mesmo o desviem de onde ele quer e deseja verdadeiramente ir[8]. Este é o núcleo da instrução que o exercitante deve receber na Terceira Semana.

Ser senhor de si faz referência ao desejo de atuar sempre com plena liberdade, sem escravidões conscientes nem semiconscientes que na prática consigam manipulá-la. É a expressão e a consequência de, *nas eleições* vitais, não se deixar determinar *por afeições desordenadas*, nem nas decisões de *reforma de vida* se deixar arrastar pelos apetites ou por atrações instintivas.

Por isso, nada estranha que, para alcançar a liberdade, Santo Inácio dê inicialmente conselhos de caráter *místico – considerar* "que vê Cristo nosso Senhor comer com os apóstolos, e como bebe, olha e fala, procurando imitá-lo" e aos santos [EE 214-215]. Somente em segundo lugar dá também um conselho ascético [EE 217], repetido logo nos primeiros diretórios – "quando alguém faz Exercícios, sempre lhe seja pedido que, quando tiver terminado de comer, este mesmo diga o que quer cear; e assim, depois de cear, o que quererá comer no dia seguinte" –, porque sabe por experiência que o voluntarismo não é o melhor e o mais eficaz caminho para superar os vícios não almejados.

Significativamente, a colocação dessas *regras e* dessa *instrução* na Terceira Semana tenta facilitar ao exercitante a busca ou a recuperação da liberdade não pelo próprio esforço, mas sobretudo por sintonia afetiva íntima com Jesus, "enquanto contempla" [EE 135], como ele se aproxima livremente da morte e como mantém até o fim a força do amor.

Adições e complementos da Terceira Semana

Para começar, às pessoas que darão a Terceira Semana de Exercícios e queiram fazê-lo com plena fidelidade à dinâmica inaciana, re-

---

8 Cf. Antonio Guillén, SJ, Ser señor de sí: *Manresa* 82, 2010, 241-246.

comendo a leitura com atenção e profundidade da conferência de P. Peter-Hans Kolvenbach, "La Pasión según san Ignacio"[9]. Porque na Terceira Semana de Exercícios se trata não de propor uma aproximação qualquer à Paixão do Senhor, mas uma aproximação coerente com o processo e a dinâmica dos Exercícios. E nessa direção a conferência de P. Kolvenbach dá pistas de grande sabedoria, e por isso de enorme valor. Nada do que eu possa dizer aqui acrescenta nem substitui a leitura e a meditação desse texto.

"...os trabalhos, as fadigas e as dores de Cristo, nosso Senhor"
[EE 206]

A Terceira Semana mantém a dinâmica contemplativa da Segunda. Uma contemplação cujo centro é sempre a pessoa de Jesus: "...Inácio não insiste no sofrimento, mas em Cristo que sofre"[10]. Trata-se na Terceira Semana de contemplar a Jesus na paixão: o que a paixão nos revela de suas atitudes, de seu projeto salvífico, de sua fidelidade ao Pai, de seu amor pela humanidade. O perigo que devemos evitar é perder-nos em detalhes acessórios ou em considerações sobre temas que identificam a paixão de Jesus com tantas formas de paixão da humanidade que são verdadeiras, mas que perdem de vista a Ele.

De muitos modos, Santo Inácio insiste em afirmar que mantenhamos o exercitante nessa dinâmica contemplativa: "...como está dito e declarado na Segunda Semana" [EE 204]. Para ajudar a isso, o autor dos Exercícios detalha com bastante minuciosidade os pontos das contemplações correspondentes à paixão [EE 289-298] e, nessas contemplações, mantém os preâmbulos e a dinâmica que já introduziu nas contemplações da Segunda Semana: "...sempre fazendo previamente a oração preparatória e os três preâmbulos" [EE 204]. "...se farão duas repetições... e depois... a aplicação dos sentidos" [EE 204-208]. Em linha de continuidade com a dinâmica precedente, "o exame

---

9 Conferência de P. Kolvenbach, em fevereiro de 1987, no Curso Inaciano do Centro de Espiritualidade Inaciana de Roma. Cf. *Decir... al "indecible". Estudios sobre los Ejercicios Espirituales de San Inácio*, op. cit., 91-100.
10 P.-H. Kolvenbach, La Pasión según San Ignacio, op. cit., 98.

particular sobre os exercícios e adições presentes se farão como na Semana passada" [EE 207].

A contemplação na Terceira Semana nos ajuda a crescer em comunhão com Cristo: "...dor com Cristo doloroso, abatimento com Cristo abatido..." [EE 203], e é na experiência de comunhão que podemos experimentar a confirmação da eleição ou da reforma que fizemos. Uma confirmação na qual o fator afetivo tem um papel importante, embora não exclusivo nem excludente[11].

"...contemplação de toda a paixão..." [EE 208]

Depois de ter proposto nos dias anteriores um detalhado caminho de contemplação dos mistérios da paixão, um a um e dia a dia, resulta um tanto surpreendente esta observação inaciana para o sétimo dia. É chamativo o fato de que o autor dos Exercícios volte a repetir essa sugestão duas vezes no número seguinte.

Neste número 209, Santo Inácio abre caminho a uma flexibilidade quanto ao tempo que se pode dedicar à Terceira Semana: "...quem mais quiser se demorar na paixão..." ou "...quem quiser abreviar a paixão". Flexibilidade que o exercitante, ajudado por quem dá os Exercícios, deverá utilizar para adequar a Terceira Semana ao momento do processo dos Exercícios no qual se encontra e ao êxito dos objetivos desta Semana "como mais lhe parecer que poderá aproveitar" [EE 209]. Esta flexibilidade com respeito ao número de dias a dedicar nesta Semana se soma à indicada um pouco antes sobre o número de exercícios de cada dia: "Conforme a idade, a disposição e o clima ajudarem o exercitante, ele fará cinco Exercícios por dia ou menos" [EE 205].

Pois bem, tanto em um caso como em outro, Santo Inácio volta a insistir na contemplação da paixão inteira. Na primeira hipótese, alongar a contemplação da paixão indica que "...depois de acabada a paixão, tome um dia inteiro com a metade de toda a paixão, e o segundo dia, a outra metade, e o terceiro dia, toda a paixão". E no caso de querer encurtar o tempo da Terceira Semana, propõe: "...depois

---

11 Cf. Confirmación, em GEI, *Diccionario de Espiritualidad Ignaciana*, op. cit., 389-391.

de assim acabada toda a paixão, pode fazer outro dia a paixão inteira, em um exercício ou em diversos..." [EE 209].

Qual o sentido desta proposta tão reiterada? Os comentaristas de Exercícios apontam para a unidade da paixão como mistério único da entrega de Jesus, de sua fidelidade ao Pai, de seu amor extremo pela humanidade: "...O fato de que a paixão tenha grande unidade, Jesus que sofre, dentro da variedade de episódios, favorece esta contemplação sem que se dê nenhuma dispersão..."[12]. "Dado que a Paixão não constitui, propriamente falando, senão um mistério único mediante seus múltiplos episódios, esta repetição panorâmica resulta adequada e muito própria da maneira de proceder de Santo Inácio."[13]

Creio que esta proposta inaciana "da paixão inteira" pode convidar o exercitante a fazer um exercício de releitura e de síntese da experiência espiritual que viveu na Terceira Semana, desde as luzes e os sentimentos mais repetidos que o Espírito foi deixando em seu coração nas contemplações dos dias precedentes. Anima-se o exercitante a uma acolhida agradecida daquilo que o Senhor lhe regalara ao longo dos dias nos quais o acompanhou "...em tanta dor e... tanto padecer..." [EE 206].

Neste momento pode ser útil a oração da Via-Sacra, tão arraigada na vida da Igreja. A Via-Sacra tem como sujeito e centro de suas estações a pessoa de Jesus, e nesse sentido está plenamente de acordo com o enfoque inaciano de contemplar a Jesus na Paixão. Por outra parte, quem dá os Exercícios pode dispor de um material muito valioso nas diferentes Vias-Sacras do Papa Francisco nas Sextas-feiras Santas, facilmente localizáveis e acessíveis: são textos de grande qualidade teológica, e também de aproximação muito direta das cruzes em que Cristo é crucificado hoje.

---

12 Josep M. Rambla, SJ, *Ejercicios Espirituales de San Ignacio de Loyola. Una relectura del texto (5)*, Cuadernos EIDES, n. 79, Cristianismo y Justicia, Barcelona, 2016, 21.
13 Hervé Coathalem, *Comentario del libro de los Ejercicios*, Buenos Aires, Apostolado de la Oración, 1987, 212.

"Aplicação dos sentidos..." [EE 204]

Há muito tempo, é frequente que os diretores de Exercícios apresentem aos exercitantes, como ajuda para sua oração, imagens dos mistérios da Paixão aproveitando a abundante e valiosa iconografia que as variadas manifestações da arte oferecem sobre eles. Em muitos contextos e situações, e para muitas pessoas, pode ser uma ajuda valiosa.

Entretanto, creio ser necessária uma seleção daquilo que se apresenta para que coincida com *a mística de fundo* do modo inaciano de se aproximar da paixão e não se distraia ou difira de si mesmo.

Quero colocar um exemplo concreto daquilo que pretendo dizer baseando-me no cinema. O famoso filme *A Paixão de Cristo,* de Mel Gibson, me pareceria absolutamente inadequado, porque seus acentos sobre a paixão de Cristo não estão em consonância com aquilo que Santo Inácio quer sublinhar. Entretanto, em uma de minhas últimas experiências de Exercícios nos foi proposto na Terceira Semana que, de modo voluntário, poderíamos ver o filme *De deuses e homens,* de Xavier Beauvois. Pareceu-me um acerto: nele, nada aparece da paixão física e histórica de Cristo, mas, sim, a mesma dinâmica de fidelidade à vocação e de entrega até o fim, assim como uma história de discernimento que pode ajudar aos exercitantes nesse momento do processo de Exercícios.

CAPÍTULO 6

A Quarta Semana

Diretório breve sobre a Quarta Semana

A Quarta Semana é a mais difícil das quatro[1]. Muitos exercitantes não sabem como fazê-la ou a desvirtuam, considerando-a uma ampliação feliz da Segunda Semana. Nunca pode ser isso, porque então a Terceira Semana passaria a ser um parêntese sem sentido, e a Ressurreição não daria sentido à dor da Paixão.

Tampouco basta confessar teologicamente que a Ressurreição é o núcleo de nossa fé (1Cor 15,14) se essa confissão também não resulta convenientemente rezada. Por isso, os Exercícios inacianos não estão completos se o exercitante, depois de ter contemplado a morte de Jesus, também não chega a *sentir e saborear* a presença do Ressuscitado em sua vida. A afirmação de Kolvenbach – "todos os Exercícios não são mais que a introdução e a preparação para orar o Mistério Pascal"[2] – tem consequências práticas na própria forma de dar os Exercícios. A primeira consequência é que eles nunca teriam sentido se terminassem no Calvário ou no sepulcro.

A Quarta Semana é essencial porque seu objetivo é baixar da cabeça ao coração, e do coração à vida, esta segunda parte do Mistério Pascal. É verdade que os antigos diretórios não ajudam muito nesse sentido. Os mais primitivos não falam sequer da Quarta Semana, e quando o de Gil González Dávila ou o *Oficial* se referem a ela,

---

[1] Cf. A. Guillén, El proceso espiritual de la Cuarta Semana, *Manresa* 79, 2007, 127-138; P.-H. Kolvenbach, *Decir... al "indecible". Estudios sobre los Ejercicios Espirituales de San Ignacio*, op. cit., 99-114; M. Tejera, SJ, Cuarta Semana, en Gei (ed.), *Diccionario de Espiritualidad Ignaciana*, op. cit., 511-515.
[2] P.-H. Kolvenbach, op. cit., 99.

é para limitar-se a dizer que tal semana "parece responder à via unitiva". Isso não é dito por Santo Inácio nem resulta muito iluminador para aquele que dá ou faz os Exercícios[3]. O sentido mais profundo se encontra no próprio texto inaciano.

O recurso inaciano para contemplar o ressuscitado

Seria um grande erro tentar contemplar as cenas próprias da Quarta Semana de uma maneira semelhante à forma como foram contempladas as da Segunda Semana. Os evangelhos repetem que o Ressuscitado é o mesmo Jesus, mas também insistem em afirmar que sua maneira de se fazer presente a seus amigos já não é a mesma. O gênero literário que os evangelistas utilizam expressa quase sempre um não reconhecimento inicial por parte dos discípulos e um surpreendente entrar, sair, aparecer, desaparecer de cena por parte do Ressuscitado. Por isso, tampouco para o exercitante a contemplação pode ser igual à das duas semanas anteriores, quando a corporalidade de Jesus permitia vê-lo e olhá-lo imaginativamente para mais segui-lo e imitá-lo.

A genialidade de Santo Inácio ao apresentar estas cenas é levar-nos a considerar não tanto a pessoa de Jesus quanto "os verdadeiros e santíssimos efeitos da Ressurreição" [EE 223]; isto é, as mudanças constatáveis e reais que agora se podem reconhecer em Madalena, Pedro, João, Tomé e os discípulos de Emaús. A essas figuras até agora secundárias, Santo Inácio anima a dirigir o olhar contemplativo do exercitante, para descobrir nelas, contra todo prognóstico, a ação milagrosa do Ressuscitado.

Agora se olha a Jesus "em seu ofício de consolar" [EE 224], e com essa expressão que somente fui utilizada na apresentação do anjo na contemplação da Encarnação – "o anjo executando seu serviço de embaixador" [EE 108] –, Santo Inácio está manifestando uma

---

3   Santo Inácio evita enquadrar seus Exercícios nas clássicas três vias de São Boaventura – purgativa, iluminativa e unitiva. E, na única ocasião em que parece fazê-lo, somente nomeia as duas primeiras, e as chama significativamente de "vida", em vez de via [EE 10]. Foram comentaristas posteriores, a partir do *Diretório Oficial* e de P. La Palma, que buscaram essa relação que Santo Inácio não declarou.

deliberada diferença com a mera *humanidade física* de Jesus. Corporalmente, *Cristo nosso Senhor* já não é como antes, embora seja um fato verdadeiro que consola "como uns amigos costumam consolar os outros". Esse *consolo* que traz o Ressuscitado é agora o objeto para *sentir e saborear.*

Com efeito, o *consolo* que os discípulos recebem nas *aparições* é como uma reestruturação imediata e milagrosa daquelas pessoas totalmente abatidas e alquebradas. Longe de ser fruto de um deliberado esquecimento do sofrimento vivido – em todas as *aparições* se recorda expressamente a morte na cruz ou se mostram o sudário ou as feridas –, trata-se de uma nova *leitura* do ocorrido antes, que deixa agora os discípulos surpreendentemente renascidos, "com o coração ardendo" (Lc 24,32). Aquele que dá os Exercícios da Quarta Semana deve expor ao exercitante estes "efeitos verdadeiros e santíssimos" [EE 223], animando-o a pedir alegria e deleite intensos por "tanta glória e gozo de Cristo nosso Senhor" [EE 221].

Também estes "verdadeiros e santíssimos efeitos" permitem continuar a purificação da imagem de Deus que se iniciou na Terceira Semana, porque agora, vistos os *efeitos* reais de suas *aparições*, se pode comprovar que o Pai não tinha se "escondido" na paixão, mas que somente "pareceu esconder-se". A presunção humana dos discípulos – e do exercitante – pôde ter sido desatada diante da cruz, protestando a Deus porque *não destruía* seus inimigos e deixava padecer *crudelissimamente* a Jesus [EE 196]. Agora, ao contemplar os sucessos subsequentes àquela Páscoa, ao exercitante – como então aos discípulos – se revela que para Deus é mais importante *construir* pessoas que destruir inimigos; *recuperar* malvados e fracos que destroçá-los; *salvar* o mundo que condená-lo.

A esperança confirmada de Maria, nossa Senhora

No pequeno Diretório que Santo Inácio inclui em seu livro dos Exercícios, ele reserva para a Quarta Semana algumas novidades. A primeira é substituir – se quiser – as *repetições*, tão essenciais nas *semanas* anteriores, pala contemplação de novas e distintas *aparições* [EE 227]. Provavelmente porque descobre nos relatos dos evangelistas o mesmo objetivo de maior implicação afetiva buscado antes com as *repetições*.

A outra novidade é o conselho sobre prescindir do exercício da noite, deixando a distribuição horária durante essa Quarta Semana em quatro exercícios diários. Essa medida, junto às ajudas ambientais, e sobretudo o "lembrar e pensar coisas que motivem ao prazer, alegria e gozo espiritual, como, por exemplo, a glória" [EE 229], compõem uma maneira de solicitar ao exercitante que se disponha para que nada o impeça de receber o que está pedindo: "sentir intensa e profunda alegria por tanta glória e gozo de Cristo nosso Senhor" [EE 221].

Mas a principal novidade é a exaustiva relação de *aparições* que Santo Inácio propõe à contemplação do exercitante. Entre elas, destaca com luz própria "a primeira a Nossa Senhora" [EE 218-219 e 299]. Retomando piedosamente a devoção medieval que encontrou no Cartuxo, essa *aparição* supera nas mãos de Inácio aquela devoção, ao "trazer à memória" do exercitante a *esperança confirmada* de Maria, modelo a imitar em nossos *Sábados Santos* pessoais. Nenhum outro *consolo* é mais intenso para qualquer um de nós que ver confirmado que fizemos bem em confiar-nos anteriormente de Deus. Se "tem entendimento" [cf. EE 299], é a primeira coisa que o exercitante pode *sentir* no domingo de Páscoa ao considerar a "primeira aparição".

O acesso coerente à eclesialidade

Não é por acaso que a segunda série de *aparições* que Santo Inácio propõe esteja plena de alusões sacramentais. É uma maneira de sublinhar a realidade eclesial que o Espírito Santo pôs em marcha com a Ressureição de Jesus. À experiência *sentida e saboreada* da Igreja se acede a partir da própria experiência personalizada do Mistério Pascal. O exercitante pode comprovar com clareza que a fé é certamente uma experiência pessoal: mas, ao contemplar as *aparições*, o coração faz saber que a fé também é uma realidade que se vive, se cultiva, se guarda e se celebra em nós. De tudo isso dão abundantes sinais os relatos evangélicos das *aparições* aos discípulos de Emaús, a Tomé, aos de Tiberíades, a Paulo etc. O grupo se refaz ao reencontrar-se sentado à mesa com ele; ao perguntar solícito por aqueles que ainda não se incorporaram a ela; e ao receber com agrado os recém-chegados. Sobretudo, o eclesial se mantém porque ele é reconhecido no meio do grupo, como se contempla na refeição junto à praia de Tiberíades (Jo 21,9-13) [EE 306].

Para Santo Inácio, foi sua própria experiência mística do seguimento de Jesus e de sua determinação consequente de "ajudar às almas" que configurou o marcado caráter eclesial de sua vida. A Quarta Semana também facilita esta mesma experiência para o exercitante.

As "regras para sentir na Igreja" [EE 352-370] que Santo Inácio apresenta neste momento não poderiam entender-se fora da Quarta Semana, porque são critérios oportunos de discernimento para viver corretamente – desde a *discreta caridade* que faz *sentir e saborear* a unidade – os inevitáveis conflitos eclesiais, que somente são frutos da pequenez humana.

Peculiar da Quarta Semana é aceder, também como faz Santo Inácio, à eclesialidade do dom da fé. O recebido é para dá-lo. A contemplação final da Ascensão, tão ressaltada por Santo Inácio em seus Diretórios e indicada expressamente no próprio livro dos Exercícios – "contemplar todos os mistérios da ressureição até a ascensão inclusive" [EE 226] –, reforça para os exercitantes a missão dada por Jesus de "serem suas testemunhas até os confins do mundo" (At 1,8). A Quarta Semana termina devolvendo o exercitante à missão. E, como é de esperar, com novo olhar.

Textos bíblicos para a Quarta Semana

O conteúdo da Quarta Semana nos foi adiantado no início do livro dos Exercícios, "a ressurreição e a ascensão" [EE 4], que revela seu indissolúvel vínculo com a Terceira Semana: trata-se das duas faces do mistério pascal.

Ademais, existe uma estreita conexão entre as duas quanto ao modo de proceder, porque, na hora de orientar as contemplações, Santo Inácio aconselha ter "em toda a semana da ressurreição a mesma forma e a mesma maneira que se teve em toda a semana da Paixão". Significa que a primeira contemplação estabelece a pauta para o resto, e se mantém o modo da semana da paixão em repetições, aplicação de sentidos e em encurtar ou em alongar os mistérios [EE 226; cf. EE 204]. Entretanto, fiel a seu estilo, Santo Inácio abre imediatamente a porta à possibilidade de mudança ao recomendar fazer quatro exercícios de oração ao dia, em vez dos cinco das semanas precedentes, e permitir flexibilidade quanto ao número de pontos de cada contemplação [EE 227-228].

Existe ainda um terceiro elemento de contato com a Terceira Semana: a exaustividade da oferta inaciana nas passagens a contemplar, para as quais oferece pontos [EE 299-311]. Contém não apenas todas as cenas de aparições narradas nos evangelhos, mas também outras, com ou sem base bíblica. Entre as primeiras estão a aparição a Simão [Pedro], mencionada em Lc 24,34, e as citadas por São Paulo em 1Cor 15. Entre as extrabíblicas se incluem, ademais da aparição à Virgem, uma a José de Arimateia e outra aos santos do limbo, esta referida junto à de São Paulo, e muitas outras aos discípulos [EE 311]. Em conjunto, são 13 propostas, às quais se deve acrescentar a Ascensão [EE 312]. O total de 14 coincide com o apresentado por Ludolfo de Saxônia em sua *Vita Christi*, e poderia potencialmente dar lugar a sete dias contemplativos, como na semana anterior, à razão de dois mistérios por dia, com sua repetição e a aplicação de sentidos[4]. Ao olhar com detalhe os pontos inacianos, percebemos algumas influências ulteriores da *Vita Christi* e também uma fusão dos distintos evangelhos, em particular nos pontos que oferece para a aparição a Pedro [EE 302].

Na hora de escolher um itinerário, atentos sempre em cuidar da continuidade entre a Terceira e a Quarta Semana, resulta conveniente ter presentes as opções escolhidas na semana anterior para prosseguir o caminho empreendido. Em concreto, a linha básica seria seguir agora com o mesmo evangelho que se escolheu para orar a paixão, evitando em princípio mudar de evangelho, e sobretudo combinar cenas de diferentes evangelhos. Assim, cuidamos da unidade teológica, e as cenas de aparições que se contemplem serão o me-

---

4   Cf. S. Arzubialde, *Ejercicios Espirituales de S. Ignacio. Historia y Análisis*, op. cit., 576-579.

lhor complemento ao relato da paixão precedente[5]. Nesse percurso sempre é possível manter a proposta inaciana de começar com a contemplação da aparição a Nossa Senhora [EE 218 ss., 299]. Embora ausente da Escritura, como o próprio Santo Inácio assinala, pode ajudar como abertura da semana, ao ser Maria modelo de crente e modelo de Igreja. Sobretudo, seria conveniente conservá-la, se Maria serviu de guia no caminho de acompanhar Jesus até a cruz durante a Terceira Semana.

Continuando uma série de observações para o conjunto da Semana, assinalamos:

– O pedido inaciano [EE 221] coloca Cristo no centro, em coerência com a Segunda e a Terceira Semana: pedimos sentir intensa e profunda alegria por sua glória e gozo. Não há ressurreição sem Ressuscitado, e a alegria da ressurreição não é outra senão a do Senhor. É um dom que somente podemos pedir: ser contagiados por ela. A atitude de pedido conecta com a forma de expressão grega utilizada para as *aparições*, que sublinha que são um dom: Jesus "se deixa ver", por si mesmo ninguém consegue vê-lo. Buscamos, como em algumas ocasiões proclamamos no final da liturgia da eucaristia, "que a alegria do Senhor ressuscitado seja a nossa força". Sua alegria será o motor do nosso seguimento.

– O modo de considerar como a divindade se mostra "pelos efeitos da ressureição, e de olhar o ofício de consolar de Cristo" [EE 223-224], passa por ver, ouvir e olhar o que fazem as pessoas nos encontros que o Senhor tem com as mulheres e os homens que são discípulos. É muito significativo o protagonismo das mulheres nes-

---

5   A esse respeito, e em relação com o evangelho de São Marcos, deve-se lembrar que seu final (16,9-20), embora tratando-se de um texto canônico e inspirado, não é, entretanto, o final original de Marcos, mas um apêndice posterior, tal como costumam indicar as notas das diversas Bíblias. Marcos concebera, portanto, um evangelho sem relatos de aparições, que remete voltar à Galileia para ver ali o Senhor (Mc 16,7). Por conseguinte, a experiência do Ressuscitado se vincula à realidade do seguimento. A questão excede os limites dessas breves orientações. Cf. P. Alonso, La espiritualidad del seguimiento y discipulado en el Evangelio de San Marcos, en J. Garcia de Castro – S. Madrigal (eds.), *Mil gracias derramando. Experiencia del Espíritu ayer y hoy*, Universidad Pontificia Comillas, Madrid, 2011, 137-151.

tas passagens: os quatro evangelhos as apresentam como as primeiras testemunhas do fato do túmulo vazio; e para Mateus, Marcos e João são também as primeiras destinatárias das *aparições*.
- Os evangelhos apresentam uma sequência nas cenas: partem do fato do túmulo vazio para narrar depois uma série de *aparições* que se abrem finalmente à missão, a qual supera os limites da comunidade dos primeiros seguidores.
- Com respeito a Jesus, os relatos sublinham sempre a identidade do Ressuscitado com o Crucificado, que mostra suas mãos e seu flanco (Mt 28,5-6; Mc 16,6; Lc 24,39-40; Jo 20,20). Quanto aos discípulos, mulheres e homens, assistimos à transformação de seu medo e de sua incredulidade com relação à sua capacidade e seu envio como testemunhas (Mt 28,10.16-20; Lc 24,48-50; Jo 20,17.21). Lucas, em particular, se esforça por assinalar como encontramos o Ressuscitado na Eucaristia e na Escritura (Lc 24,35.45), e João coloca em paralelo o amor e o envio de Jesus pelo Pai com o amor e o envio dos discípulos por Jesus (Jo 15,9 e 20,21).
- O interesse progressivo dos textos pela missão e pela criação da comunidade serve de contexto adequado para a apresentação das chamadas "Regras para sentir na Igreja" [EE 352-370]. O tempo da Igreja é o tempo do Espírito, a cujo envio o Senhor se refere antes da Ascensão (Lc 24,49; At 1,8) e do qual falou nos discursos da ceia do quarto evangelho. Pode então resultar oportuno oferecer textos como Pentecostes (At 2,1-4) e orar o ensinamento de Jesus sobre o Espírito em João 14-16.

Instruções e regras da Quarta Semana

Na Quarta Semana o exercitante recebe as "Regras para sentir na Igreja" [EE 352-370][6]. Este último documento do livro inaciano traz as poucas páginas mais tergiversadas, e inclusive dolosamente ma-

---

6 Este é o título com o qual aparecem no texto *Autógrafo* e na primeira tradução latina (*Versio Prima*). No texto latino posterior da *Vulgata* apareceram traduzidas como "*Regras para sentir COM a Igreja*", e assim ficaram intituladas no breve *Pastoralis Oficii* de Paulo III (1548). Em 1834, Roothaan conseguiu que fosse reconhecida como texto oficial dos Exercícios e do Autógrafo, e daí a formulação inicial inaciana de "*Regras para sentir NA Igreja*". É claro que, pelo menos hoje, os matizes que se sugerem com uma outra preposição não são os mesmos.

nipuladas dos Exercícios. Com efeito, seu objetivo verdadeiro não são nem os mandamentos da Igreja, nem as rubricas litúrgicas, nem a ortodoxia doutrinal, como algumas vezes se chegou a dizer. Se estivessem escritas para animar a cumprir as prescrições eclesiais, parece óbvio que Santo Inácio não as teria colocado na Quarta Semana, mas na Primeira ou inclusive antes[7].

▪ As regras para sentir na Igreja

No lugar daquelas interpretações desajustadas, a realidade é que são "regras de discernimento para encarar bem os conflitos eclesiais", e o seu verdadeiro sentido somente pode ser entendido a partir da e na Quarta Semana. Isto é, no término do processo de Exercícios, quando estão se contemplando "os verdadeiros e santíssimos efeitos da ressureição", e a partir deles [EE 223].

Por desgraça, os conflitos na Igreja são inevitáveis, como bem soube e comprovou em sua vida o próprio Santo Inácio. Mas o que ele quer aconselhar finalmente ao exercitante é como examiná-los e vivê-los sem romper nem desfiar o tecido eclesial. A Quarta Semana nos permite compreender que sempre se acede à Igreja como mistério a partir da experiência de Deus, e não pelo contrário. Santo Inácio tem isso muito claro, embora saiba também – com a mesma clareza – que é a mediação da Igreja que assinala existencialmente a cada um a presença de Deus no meio de nós.

A dificuldade na hora de expor essas *regras* ao exercitante costuma ser grande. Caso se deseje ajudá-lo a entendê-las bem e a compreender a mensagem inaciana, é necessário informá-lo simultaneamente do contexto no qual foram elaboradas. Aquele que dá os Exercícios deve, portanto, conhecer e explicar bem esse contexto e lembrar dele. A simples repetição literal do texto, fora de contexto, com frequência se presta a dar a entender algo muito diferente do

---

7   Para estas prescrições eclesiais, Santo Inácio não admite questionamento [cf. EE 229].

que realmente dizem. Ou a aproveitá-las para apresentar outra *doutrina*. Felizmente a bibliografia sobre o tema é abundante e acessível[8].

Pode-se dividir o conteúdo dessas 18 *regras* em 6 possíveis parágrafos. Com certeza, a mensagem inaciana reside na unidade que o documento inteiro reflete.

"A compreensão espiritual da Igreja somente se percebe no discernimento" [EE 353]

É próprio do discernimento a preeminência do *sentir* sobre o *parecer*, e por isso aquele deve realizar-se "enquanto contemplamos a vida de Jesus" [EE 135], para evitar identificá-lo com nossos próprios juízos ou pensamentos. Isso é o que afirma e repete aqui Santo Inácio. "Depor o juízo" não é o mesmo que "não pensar", mas libertar-se do juízo próprio, às vezes, inamovível – que costumamos chamar hoje de *prejuízo* –, que nos impede de deixar passagem para a novidade do Espírito. Depor todo juízo prévio e substituí-lo pelo "ânimo disposto e pronto" para olhar com veneração e afeto a *Igreja das mediações*[9] é a condição essencial para poder iniciar todo discernimento. Sem esse preambulo não existe escuta de Deus, se não mera defesa – às vezes, inflamada e visceral – do próprio pensamento[10].

---

8   Cf. J. CORELLA, SJ, *Comentario a las reglas ignacianas para el sentido verdadero de Iglesia*, Bilbao/Santander, Mensajero/Sal Terrae, 1988; ID., San Ignacio y la Iglesia. Unas reglas que nos siguen iluminado, *Manresa* 79, 2007, 167-182; S. MADRIGAL, SJ, Reglas "Sentir la Iglesia", em GEI (ed.), *Diccionario de Espiritualidad ignaciana*, op. cit., 1.555-1.561; ID., *Eclesialidad, reforma y misión*, Madrid, San Pablo/UP Comillas, 2008, 73-139; A. GUILLÉN, Alabar, actitud fundamental en la Iglesia, *Manresa* 84, 2012, 235-245; D. MOLLÁ, SJ, La difícil alteridad en el interior de la Iglesia. Inspiraciones ignacianas, *Manresa* 86, 2014, 149-158; J. M. LERA, SJ, *La pneumatología de los Ejercicios Espirituales*, Bilbao/Santander/Madrid, Mensajero/Sal Terrae/UP Comillas, 2016, 304-346.

9   "Igreja hierárquica" é um termo criado por Santo Inácio (sem equivalência com aquilo que hoje chamamos de "hierarquia eclesial") para expressar a totalidade da Igreja, com suas mediações hierárquicas incluídas.

10 Cf. por exemplo [EE 22, 169, 189, 333, 336...].

CAPÍTULO 6 – A Quarta Semana

"Louvar toda presença do Espírito nos outros, embora não implique ser chamado para isso" [EE 354-361]

As atas do concílio de Sens (1528) e a posterior reação contestatária dos erasmistas da Sorbona serviram de exemplo inegável de forte conflito eclesial para Santo Inácio. O choque frontal entre ambas as concepções de Igreja não tinha encontrado outra forma de expressar-se e afirmar-se senão em excomunhões mútuas, fossem canônicas ou ideológicas. Santo Inácio tomou uma dessas listas e, sem polemizar para nada com uns nem com outros, antepôs no começo de cada uma das proposições a palavra "elogiar". Nem as defender como intocáveis nem as criticar como rejeitáveis; simplesmente, e acima de tudo, elogiá-las, isto é, *falar bem de todas elas*.

Entende-se bem o que Santo Inácio quis dizer ao recomendar tão redondamente esse elogio absoluto ao comprovar que a metade desses elogios se refere a temas sobre os quais ele não se sentia chamado e, portanto, não os tinha aceitado. É honesto considerar que, para ele e para a Companhia, não aceitou nem o ofício coral das horas canônicas [EE 355] nem as penitências e os jejuns de regra [EE 359]; a veneração das relíquias não formou parte de suas devoções pessoais, nem a venda de indulgências [EE 358] nunca entrou nas recomendações aos companheiros que enviava à Alemanha; tão pouco se mostrou favorável à ampliação suntuosa da ermida da Estrada que Borja então lhe oferecia [EE 360].

Por que, então, *elogiar* essas opções diferentes? O significado do termo *elogiar* nestas *regras* não é uma maneira de mostrar uma opinião favorável aos objetos desse elogio, mas o reconhecimento da inspiração do Espírito naqueles que as propõe, mesmo sendo tão distinta do chamado que Santo Inácio *sente* receber do mesmo Espírito. Na realidade, o sentido profundo do conselho inaciano é um chamado a assumir a pluralidade legítima de opiniões teológicas ou pastorais que existem na Igreja. A única atitude que Santo Inácio censura e recusa é ridicularizar ou desqualificar toda a opinião alheia onde o Espírito possa estar atuando[11].

---

11 P. Kolvenbach o expressou assim (2004): "Permita-me dizer que 'elogiar' nas regras não quer necessariamente dizer que devemos adotar as práticas que ele menciona. Já sabemos que Inácio colocou fortes limites a essas práticas por parte

"Falar dos maus costumes de outros somente às próprias pessoas, que podem remediá-los" [EE 362]

Em uma situação real como a que Santo Inácio vivia em Paris, onde os bons desejos dos erasmistas por reformar a Igreja pareciam querer multiplicar a crítica acerbada à vida licenciosa de papas e bispos, ele opta por recomendar "falar desses maus costumes às próprias pessoas, que podem remediá-los" e evitar, pelo contrário, uma propagação pública deles, uma vez que "geraria mais escândalo do que proveito". A recomendação parece coerente com a experiência espiritual da Primeira Semana, que tão significativamente deixa ver que alguém perdoado – e todos nós fomos perdoados antes! – não tem mais o direito de condenar ninguém. É próprio dos fariseus esquecer este princípio.

"Evitar na Igreja posturas enviesadas ou presunçosas" [EE 363-364]

Em um ambiente acadêmico como o que Santo Inácio encontrou na Sorbona, onde os erasmistas e outros criticavam impiedosamente a teologia escolástica e chamavam a Erasmo de "o novo Agostinho", Santo Inácio recomenda aceitar o que cada escola teológica pode dar de si – seja "a doutrina positiva ou a escolástica" – e "tomar cuidado em não fazer comparações entre os que estão vivos e os bem-aventurados do passado". "Não pouco se erra nisso", se atreve a dizer.

"Pregar sobre Deus com humildade" [EE 365]

De Erasmo havia uma afirmação lapidária que se repetia com furor em Paris quando da chegada de Santo Inácio: "O branco não pode ser negro, embora o diga o papa romano". A falácia que ocultava uma expressão como essa, além de revelar uma notável soberba intelectual, partia do princípio de que a percepção humana podia aceder às realidades divinas com o mesmo grau de segurança e certeza

---

dos membros da Companhia de Jesus. O que ele realmente deplora é a tendência a atacá-las e ridicularizá-las" (P.-H. KOLVENBACH, Pensar com la Iglesia después del Vaticano II, em *Selección de Escritos [1991–2007]*, Madrid, Curia Provincial de España, 2007, 588).

com que os sentidos corporais podem captar as realidades físicas, e inclusive as sociais.

Para Santo Inácio, pelo contrário, que conta com a promessa da presença certa do Espírito na Igreja – "a verdadeira esposa de Cristo nosso Senhor", a chama duas vezes [EE 353 e 365] –, essa argumentação de Erasmo é falaz. Sem nomeá-lo, responde-lhe que "para em tudo acertar" é preciso olhar "o que eu vejo branco" como falível e não determinante, se a Igreja das mediações "o vê negro". No âmbito do discernimento, peculiar desses conselhos inacianos, a afirmação do pensamento próprio não se pode formular com um "é" assertivo, mas com um muito mais humilde "parece-me...", "penso eu..." ou "eu vejo assim..."; pois não se deve esquecer de que "o mesmo Espírito que nos governa e rege para a salvação de nossas almas [...] é o que rege e governa nossa santa Mãe Igreja". Diante disso, a soberba leva a acreditar que o Espírito é somente posse própria. Santo Inácio já sublinhara na meditação das *Duas Bandeiras* que a humildade leva a Deus, e a soberba não [EE 142 e 146].

"Na apresentação de teses teológicas divergentes, não é justo defender a própria sem matizar ou reconhecer parte de acerto na contrária" [EE 366-370]

O escândalo criado pela pregação de Mainardi na quaresma romana de 1538, contestada naquele momento por Fabro e Laínez, que as consideraram teses *luteranizantes*, foi aproveitado anos depois por Santo Inácio – quando Mainardi se confessou publicamente luterano e antes de que em Trento se formulasse uma teologia uniforme na Igreja Romana – para ampliar seus conselhos sobre "o modo de falar e comunicar" os pensamentos teológicos contrários dentro da Igreja.

Para exprimir com exatidão sua mensagem, Santo Inácio voltou a lembrar os quatro capítulos apresentados por Mainardi naquela quaresma, sublinhando em todos eles que "não devemos falar tanto tempo ou muito" de um só aspecto, ou "sem alguma distinção e declaração", que confunda o povo ou dê ocasião para interpretar essas teses de maneira que rompam a unidade eclesial. Sempre há algo de verdade na tese ou na expressão que outros defendem e que a nós não nos satisfaz.

Aplicabilidade destes conselhos inacianos

Um mau serviço se prestaria ao exercitante se tudo se reduzisse a falar-lhe nestas *regras* de Erasmo, do Concílio de Sens ou da pregação de Mainardi. Assim, quem dá os Exercícios deve citar de tudo isso o mínimo necessário para explicar melhor ao exercitante o que Santo Inácio aconselha. À argumentação inaciana nestas *regras*, assim como ocorre com as "regras de distribuir esmolas" e com as "do comer de agora em diante", subjaz uma referência muito concreta; mas se oferecem com a pretensão de que tanto quem dá os Exercícios como quem os faz encontrem nelas, sem as trair, uma aplicação mais universal.

No extenso campo da missão compartilhada em cada diocese entre o clero diocesano, os religiosos, as religiosas e os movimentos apostólicos leigos, esta mensagem inaciana tem ampla e proveitosa aplicação. Como também a tem evidentemente na vida comunitária dos religiosos, em todos os níveis.

Os conflitos eclesiais são inevitáveis; contudo, o lamentável é que nem sempre são bem resolvidos. Certamente, nem querer apagá-los com um escassamente respeitoso *ordeno e mando*, nem o desprezo manifesto ao responsável de cada situação, nem as críticas contínuas a quem tem a última palavra, nem a amargura resultante em uns e em outros, nem a divisão afetiva ou de fato podem ser chamados "resolvê-los bem". A Quarta Semana abre o exercitante a respostas melhores que essas: as que podem nascer da escuta em oração do Espírito, que habita também nos demais e trabalha em toda a realidade eclesial. Tal mensagem é o que Santo Inácio pede ser recebida e transmitida com essas "regras para sentir na Igreja".

Adições e complementos da Quarta Semana

É uma verdadeira pena que muitas vezes a Quarta Semana não passe de ser, especialmente nos Exercícios de oito dias, uma espécie de apêndice pelo qual se passa rapidamente e sem lhe prestar muita atenção[12]. Digo que é uma pena porque é muito importante cuidar do final do processo de Exercícios (igualmente como se cuida de seu início), porque na Quarta Semana Santo Inácio traz uma série valiosa de materiais e de sugestões de grande utilidade para ajudar a viver a experiência de Deus na vida cotidiana. Confesso que não me agrada a tão batida expressão da *Quinta Semana*, referente à vida depois dos Exercícios. Não existe nenhuma *quinta semana* de Exercícios. Depois dos Exercícios está a vida, e se trata de vivê-la a partir da experiência do encontro com Deus que se experimentou nos Exercícios.

É essencial cair na conta do importante material inaciano para esta Quarta Semana: as contemplações dos mistérios da Ressurreição do Senhor, que oferecem pistas concretas para conhecermos o que nos dificulta e o que nos ajuda a nos encontrar com Jesus, que vive e nos encontra hoje e em cada dia de nossa vida; a "contemplação para alcançar amor", como olhar em profundidade para a presença de Deus em nossa história pessoal e em nosso presente; e, finalmente, as "regras para o sentido verdadeiro que na Igreja militante devemos ter", com suas chaves para viver em comunhão com a igreja universal nossa experiência pessoal de Deus. Seu valor e sua utilidade são imensos, e daí a necessidade de utilizá-los adequadamente em uma Quarta Semana muito rica e cheia de propostas.

Dito tudo isso que me parecia importante sublinhar, passo a considerar brevemente anotações e complementos inacianos para esta Quarta Semana. Para isso, nos vão ser de especial utilidade os números 226 a 229 dos Exercícios, as quatro notas que Santo Inácio inclui no texto dessa semana.

"...Proceda-se por todos os mistérios da ressurreição da maneira que se teve em toda a semana da paixão..." [EE 226]

Nesta *primeira nota* da Quarta Semana, Santo Inácio chama o exercitante a uma plena fidelidade ao método contemplativo que se observou nas semanas anteriores: "...os preâmbulos... os cinco pontos...

---

12 Se me permitem uma brincadeira, ultimamente costumo dizer que milagre nos Exercícios de oito dias acontece quando todos(as) os(as) exercitantes esperam ir até o final...

as adições... assim como em repetições, cinco sentidos, em encurtar ou alongar os mistérios etc.". Os *mistérios* podem ser encurtados ou alongados, mas em todos aqueles que são contemplados deve-se cuidar do modo de contemplar.

Qual é, em minha opinião, o chamado fundamental desta nota inaciana? Um chamado para manter a seriedade e a fidelidade no cuidado e na profundidade da oração ou, se quisermos, uma advertência para evitar qualquer forma de relaxamento nesta Quarta Semana, que pode vir de uma impressão psicológica de "tudo já está feito", "nada há mais que possa ser entendido ou recebido". Esta insistência inaciana responde bem a esses estados de ânimo conformistas ou *escapistas* dos(das) exercitantes que podemos encontrar com alguma frequência.

E expressa também a confiança que Santo Inácio tem em sua proposta de método para a contemplação. Certamente, os Exercícios estão abertos a muitas possibilidades e sugestões de orar, mas a insistência inaciana no *contemplar* é significativa, porque está especialmente indicada para "o conhecimento interno do Senhor". Aqueles que dão os Exercícios e os exercitantes farão bem em tê-la em conta.

"...aplicar os cinco sentidos sobre os três exercícios do mesmo dia..." [EE 227]

O intuito desta *segunda nota* é reduzir o número de horas de oração nesta Quarta Semana. Mas pode resultar surpreendente o que Santo Inácio sugere para isso: suprimir as repetições, mas manter o "aplicar os cinco sentidos" [EE 121-126]. Em outro lugar deste livro se fala sobre o valor e a importância da "aplicação de sentidos" no processo dos Exercícios; basta citar e referir também a excelente reflexão de Philip Endean no *Dicionário de Espiritualidade Inaciana*[13].

A experiência cotidiana nos faz valorizar o papel dos cinco sentidos para o contato humano, para o conhecimento das pessoas e em nosso modo de relacionar-nos uns com os outros. Vamos aprendendo da insuficiência das palavras e da necessidade de atender e perce-

---

13   Cf. GEI (ed.), *Diccionario de Espiritualidad Ignaciana*, op. cit., 184-192.

ber detalhes que não se expressam somente com palavras, de intuir o que se esconde, de verificar por nós mesmos realidades e circunstâncias... Em alguma reflexão minha sobre acompanhamento, me atrevi a formulá-lo como "escutar os cinco sentidos"[14].

A partir dessa experiência vital se pode entender a importância de não se esquecer de "aplicar os cinco sentidos" na Quarta Semana. Para perceber a passagem por nossa vida do Senhor que vive, sua presença amorosa e esperançosa, deve-se colocar em jogo os *cinco sentidos*. Para dar dois exemplos concretos: os discípulos de Emaús não *descobrem* Jesus em seu discurso ou em suas palavras, mas *ao partir o pão*; e o ponto segundo da Contemplação para alcançar amor – "olhar como Deus habita nas criaturas" [EE 235] – será tanto mais sugestivo e rico quanto maior for nossa capacidade e possibilidade de "aplicar os sentidos".

"...antes de entrar na contemplação, conjecturar e assinalar os pontos que há de tomar..." [EE 228]

Nesta *terceira nota* surge uma tensão muito típica de todo o processo dos Exercícios e que nestes momentos finais talvez se manifeste de forma mais clara: a tensão entre, por um lado, a fidelidade ao método e ao processo indicado pelos Exercícios, e, por outro, o processo pessoal da "pessoa que contempla", e, nela, sua liberdade para, sob a inspiração do Espírito e a orientação do acompanhante, ir fazendo seu próprio caminho. Caminho próprio que não pode ser fruto da improvisação do momento, mas que se deve assinalar "antes de entrar na contemplação".

Esta nota é também muito interpelante para os que propõem os Exercícios. Como devemos apresentar e/ou propor pontos de modo a ir marcando os conteúdos e o ritmo adequado do processo e ao mesmo tempo possibilitar a liberdade de quem pratica os Exercícios para que faça as próprias opções? Nem "tudo vale" nem "tudo já está predeterminado".

---

14 Cf. meu artigo Acompañar en el sufrimiento, *Sal Terrae* (nov. 2017), 899-900.

Essa nota é válida somente para a Quarta Semana ou já se aplicou em momentos anteriores dos Exercícios? Penso que, de modo crescente, ao longo do processo se vai abrindo passagem para a maior capacidade e possibilidade de que a pessoa que faz Exercícios possa "conjecturar e assinalar os pontos que há de tomar", as luzes que o exercitante vai recebendo da graça ao longo do tempo de Exercícios iluminam também o caminho adiante.

"...ter gozo e alegria em seu Criador e Redentor..." [EE 229]

Nesta *quarta nota*, a mais extensa de todas elas referida às adições, chama a atenção de imediato a reiteração do termo "gozo": "...querendo que tanto gozo e alegria de Cristo Nosso Senhor me afetem e alegrem"; "...pensar coisas que motivem ao prazer, à alegria e ao gozo espiritual"; "...o que pode ajudar para ter gozo em seu Criador e Redentor". Termo que nas "Regras de discernimento" Santo Inácio associa à consolação espiritual.

É uma expressão que nos ajuda a constatar uma vez mais que o processo de Exercícios trata da comunhão com Cristo. No *Diccionario de la Real Academia* se define o *gozo* como a *alegria do ânimo*. É, pois, uma alegria profunda, não vinculada a acontecimentos episódicos ou superficiais, mas à vivência de comunhão com Cristo gozoso, porque em sua Ressurreição a obra salvadora de Deus chega à plenitude.

E no final do caminho dos Exercícios, nesse gozo ou na alegria de ânimo, o(a) exercitante se vê confirmado(a) em sua eleição, na qual, como o próprio Santo Inácio, "Deus Pai o punha com Cristo" [Autob. 96]. Esse é o fruto que nos é dado desejar e pedir quando nos pomos em Exercícios.

CAPÍTULO 7

A Contemplação para alcançar amor

Diretório breve sobre a Contemplação para alcançar amor

Os exercícios inacianos culminam seu processo de quatro semanas com uma página excepcional, a "Contemplação para alcançar amor" (CAA), que pretende consolidar os frutos obtidos em todo o conjunto, desfrutando-os e orando-os de novo em um só exercício de agradecimento [EE 230-237][1].

Como em tantas outras passagens de seu livro, a genialidade de Santo Inácio se descobre aqui na correspondência fundamentada deste exercício de oração com outros muitos momentos do processo dos exercícios. Considerar essas correspondências permite dispor ao que dá a CAA muito mais possibilidades para apresentá-la bem.

É sobretudo um exercício de agradecimento ao Senhor

Da primeira à última linha deste exercício sublinham-se a gratidão e o louvor consequente ao Senhor, de quem *recebemos tantos* e tão diversos *benefícios* e que "deseja nos dar" ainda mais; *que habita nas criaturas* e que se conecta com a vida do ser humano; que *trabalha* sem descanso por todos e se manifesta tão claramente nos efeitos de uma gratidão que *desce* sobre nós – "como do sol descem os raios" [EE 237].

Tal como aparece desde a Primeira Semana, o agradecimento é o substrato mais estável de toda oração. Também da *eleição* ou da

---

[1] Daqui em diante, CAA. Cf. M. J. BUCKLEY, Contemplación para alcanzar amor, em GEI (ed.), *Diccionario de Espiritualidad Ignaciana*, op. cit., 452-456; A. GUILLÉN, Las cuatro semanas de los EE en una sola contemplación, *Manresa* 68, 1996, 5-15; J. M. LERA, *La pneumatologia de los Ejercicios Espirituales*, op. cit., 114-135.

reforma de vida, na Segunda e na Terceira Semana. Não é de estranhar, portanto, que nos inícios alguns transladaram com facilidade a CAA para o princípio da Segunda Semana, antes da *eleição*. Os diretórios de González Dávila, Cordeses e o *Diretório Oficial* tiveram de resgatá-la para voltar a colocá-la no final dos Exercícios, tal como dispusera Santo Inácio. Seu sentido básico é "despertar o gosto do celestial" como chave de ouro de todo o processo dos Exercícios. O que em terminologia recente se chamou "encontrar a Deus em todas as coisas", ser "contemplativo na ação", como formulou Nadal. Eis o objetivo indiscutível e essencial da CAA [EE 233].

É também uma contemplação "sentida e saboreada" da ação do Espírito Santo

Quando Santo Inácio propõe na Quarta Semana que "se proceda por todos os mistérios da Ressurreição, até a ascensão inclusive" [EE 226], está dando ocasião a que se interprete o Exercício que coloca imediatamente depois da ascensão, a CAA, como "o Pentecostes inaciano". A utilização no texto dos traços que Santo Agostinho atribui ao Espírito Santo – "comunicação, dom e amor" –, assim como as expressões típicas na Escritura para se referir à sua presença entre nós – "templo seu, amante"[2] –, corrobora essa interpretação.

A dimensão eclesial, fruto que a Quarta Semana põe expressamente de relevo como "verdadeiro e santíssimo efeito da ressureição", apoia-se na ação do Espírito, que, além de nos ter chamado e conduzido à *eleição* ou à *reforma,* "é o mesmo que governa e rege a Igreja" [EE 365]. A CAA é, então, o Exercício previsto por Santo Inácio para *sentir* e *saborear* essa ação do Espírito em mim – em cada um – e nos demais, porque todos nós "recebemos seus benefícios" [EE 234], todos nós "somos templos seus" [EE 235], por todos "Deus trabalhou com esforço" [EE 236] e em todos "notou seus efeitos verdadeiros e santíssimos" [EE 237].

Nestes momentos, compete a quem dá os Exercícios abrir o horizonte do exercitante, que já sentiu as consolações do Espírito ao

---

2 1Cor 3,16-17; 6,19; 1Jo 4,12-16. Reforça também a ideia [EE 312].

longo de todo o processo, à realidade que mais custa sempre reconhecer no crente: que o Espírito Santo está presente e atua também nos demais. O individualismo dos *alumbrados* ou dos gnósticos está muito longe dos parâmetros de Santo Inácio, mas é uma tentação perene, ontem e hoje.

É também uma recapitulação e um resumo das Quatro Semanas dos Exercícios

As possibilidades pastorais ao dar aos exercitantes a CAA como coroa e resumo dos Exercícios inacianos se multiplicam enormemente quando se reconhece em cada um de seus quatro pontos um reflexo premeditado das petições e dos colóquios de cada uma das Quatro Semanas precedentes.

A repetição inaciana do encontro com Deus como bondade infinita e perdoador absoluto – que é o sentimento principal *saboreado* na Primeira Semana – é realizada agora "ponderando com muito afeto quanto Deus nosso Senhor tem feito por mim e quanto me tem dado daquilo que tem" [EE 234]. A *repetição* do desejo de seguimento de Jesus, pedindo que nos queira *eleger* e *receber* no caminho por Ele *sonhado* para nós – tal como se busca na Segunda Semana –, repousa na imagem de vê-lo "fazendo-me templo seu, criado à sua imagem e semelhança" [EE 235]. Saborear como em sua Paixão – "por mim" –, Jesus mostra um amor mais forte que o mau que recebe, revela um Deus que "trabalha e age por mim em todas as coisas criadas" [EE 236]. Por último, o caminho de *sentir* e *saborear* "os efeitos reais e santíssimos" de sua ressurreição, para poder aceder à Causa que os produz, encontra sua melhor expressão em "olhar como todos os bens e dons descem do alto, assim como do sol descem os raios" [EE 237].

Portanto, a unidade desse exercício da CAA está ressaltando e confirmando a unidade do processo completo das Quatro Semanas e de sua orientação definitiva: tudo leva o crente a Deus. Todas as experiências da vida, *más* e boas – Terceira e Quarta Semanas – contêm a palavra de Deus. Em todas Ele se manifesta, e por isso se pode "encontrar a Ele em tudo" [cf. EE 233].

Para terminar: um brinde elegante e cheio de agradecimento a Deus

Na CAA, Santo Inácio integra, como resumo orado do processo completo dos Exercícios e presente seu final ao exercitante, a oração "Tomai, Senhor, e recebei..." [EE 234], construída como um brinde elegante e cheio de agradecimento a Deus, um eco explícito e buscado da Eucaristia – "Tomai e comei... tomai e bebei...". Para quem agradece, tudo na vida se converte em cálida correspondência de detalhes com Deus, como um precioso intercâmbio mútuo de gratuidade sem fim: "Isto é por ti, Senhor, é por ti! Tu começas um brinde comigo; por isso, agora eu levanto muito alto a minha taça por ti".

É um brinde de confiança absoluta. Não é uma oração que leva a renunciar aos dons recebidos ou a desistir de nossa liberdade, mas todo o contrário. É uma oração que consciente e deliberadamente pretende colocar nas mãos de Deus a *administração* dos dons recebidos dele – "tem [deles] segundo a vossa vontade" –, para aproveitá-los e desfrutá-los melhor. Trata-se – como fruto eficaz dos Exercícios – de cimentar sobre o agradecimento e a confiança uma relação com Deus em todos os acontecimentos da vida, porque a *amizade íntima* e *agraciada* com Ele – "vosso amor, vossa graça", em terminologia cortesã – "me basta". Como nossas qualidades são presentes seus, nada melhor e mais seguro que pedir ao presenteador que continuamente ele as gere e administre em nós. Anima-se o exercitante a voltar à vida ordinária com esta bagagem aprendida.

Textos bíblicos para a Contemplação para alcançar amor

Antes de entrar na matéria, é preciso indicar que Santo Inácio não faz nenhuma referência a textos da Escritura quando apresenta o conteúdo da CAA. É coerente com o restante de sua obra, pois ao longo dos Exercícios somente o faz para as contemplações dos mistérios da vida de Cristo.

Em primeiro lugar, em relação às duas *notas* que Santo Inácio introduz acerca de como o amor deve se colocar mais em obras que em palavras, e antes de tudo é comunicação, cabe simplesmente evocar o exemplo do próprio Jesus, cujo amor até o extremo é tão concreto que lava os pés de seus discípulos (cf. Jo 13,1) e nos convida a fazer a mesma coisa (Jo 13,17), deixando-nos o mandamento do amor recíproco (Jo 13,14).

Na hora de seguir os conteúdos inacianos, no *primeiro ponto*, trata-se de "recordar os benefícios recebidos pela criação, pela redenção e pelos dons particulares", para ponderar quanto Deus tem feito por mim e quanto me tem dado; depois, *refletir e considerar* "o que devo oferecer e dar de minha parte" [EE 234].

Para *recolher o fruto e expressar o agradecimento* dessa dinâmica de recordar, ponderar, *refletir* e considerar, podem nos ajudar, por exemplo, alguns Salmos, como o 18 [17]: "te amo, Senhor, minha fortaleza"; o 136 [135]: "dai graças ao Senhor, porque é ele bom, porque eterno é seu amor"; e o 139 [138]: "Senhor, tu me sondas e me conheces". Também o cântico de louvor do livro de Daniel (3,51-90), que a Igreja recita na oração das Laudes em alguns domingos e nas festas e solenidades. Outro texto utilizado na liturgia, neste caso, na oração das Vésperas, o Magnificat de Maria (Lc 1,46-55), nos permite proclamar com ela que o Senhor tem sido nosso salvador e que sua misericórdia tem chegado fielmente a nós. A percepção inaciana de que a fidelidade de Deus é a raiz da promessa, e que deseja seguir dando-se a nós, pode ser iluminada pelas palavras de Jesus a Natanael: "verás coisas maiores" (Jo 1,50).

Quanto ao *segundo ponto* – "olhar como Deus habita nas criaturas... e do mesmo modo em mim, fazendo de mim o seu templo, criado à semelhança e imagem de sua divina majestade" [EE 235] –, podemos começar com o versículo do Gênesis ao qual Santo Inácio alude (Gn 1,26). Um par de textos paulinos formula a *inabitação do Espírito* em nós: "não sabeis que sois templo de Deus e que o Espírito de Deus habita em vós?" (1Cor 3,16), e "sois templo do Espírito Santo" (1Cor 6,19). Por outro lado, as palavras de Jesus no discurso do pão da vida nos lembram que quem participa da *eucaristia* está no Senhor, e o Senhor está nele (Jo 6,56).

No *terceiro ponto,* Santo Inácio convida a "considerar como Deus trabalha e age por mim em todas as coisas criadas" [EE 236]. São diversos os trechos que falam deste *trabalho da Trindade.* São

Paulo o expressa de diferentes maneiras: "em todas as coisas Deus intervém para o bem dos que o amam" (Rm 8,26); "há diversidade de atividades, mas é o mesmo Deus quem opera tudo em todos" (1Cor 12,6); e "Deus opera em vós tanto o querer como o executar, segundo sua boa vontade" (Fl 2,13). Por sua parte, no quarto evangelho encontramos a afirmação de Jesus "meu Pai continua trabalhando e eu também trabalho" (Jo 5,17), e nos apresenta a atividade do Espírito que recorda e ensina, dá testemunho e guia (Jo 14,26; 15,26; 16,13).

Por último, no *quarto ponto*, olhamos "como todos os bens e dons descem do alto" [EE 237], isto é, como nossa justiça, bondade, piedade, misericórdia etc. participam das de Deus. O livro dos Atos afirma que "nele vivemos, nos movemos e existimos" (At 17,28), e São Paulo lembra que caminhamos para o *horizonte da transformação em Deus*: "também o Filho se submeterá àquele que submeteu a ele todas as coisas, para que Deus seja tudo em todos" (1Cor 15,28); "todos nós, que com o rosto descoberto refletimos como em um espelho a glória do Senhor, vamos nos transformando nessa mesma imagem, cada vez mais gloriosos, pelo Espírito do Senhor" (2Cor 3,18); "somos cidadãos do céu, de onde esperamos como salvador o Senhor Jesus Cristo, que transfigurará nosso pobre corpo à imagem de seu corpo glorioso" (Fl 3,20-21).

EPÍLOGO

O melhor presente de Santo Inácio

Passaram-se quase cinco séculos desde aquela carta de Santo Inácio àquele que fora seu confessor em Alcalá, contando-lhe que os Exercícios espirituais que acabava de dar a seus companheiros em Paris "eram tudo de bom que eu posso pensar, sentir e entender nesta vida, tanto para poder ajudar e aproveitar a si mesmo como para poder ajudar e aproveitar a muitos", e por isso "vos peço que vos plenifiqueis deles". Por volta de 1536, já não podia esconder quanto tinha superado suas previsões, e de que modo tinha preenchido suas expectativas o método para *ordenar a vida* que lhe tinha crescido nas mãos.

Essa mesma experiência e assombro se repete hoje em todos os que tentam dar a outros fielmente o método inaciano e em muitos dos que confiantemente o seguem. O resultado – seus *frutos* – continua surpreendendo ainda a uns e outros.

Os que dão os Exercícios costumam introduzir sua experiência anunciando que a propõe para *encontrar-se com Deus*. A expressão parece realmente pretensiosa, mas qual outra seria válida para refletir o efeito desses trinta ou oito dias tão especiais? Pois o que resulta deles não é somente um incremento inusitado de fervor, mas a reestruturação interna dos desejos e das inquietações mais profundas do exercitante.

Vi – sempre com assombro – homens e mulheres que entraram nos dias de Exercícios com um sentimento impreciso de *mal-estar*, preocupados e confusos por não saber nem ao menos a que os atribuir e perturbados por um caos interno aparentemente já consolidado para sempre... e os vi sair deles serenos, sorridentes, alegres, em paz consigo mesmos e com a vida, surpreendentemente *novos*, apesar de continuar sabendo-se tão débeis como antes.

Vi outros chegarem profundamente desenganados de falsas soluções que um dia acreditaram bastar para fazê-los felizes, descontentes então consigo mesmos; abatidos por não terem conseguido perdoar alguns fatos passados; definhando em um tom vital triste onde não pareciam caber novas ilusões nem projetos... E os vi saírem uns dias depois entusiasmados, concedendo então um perdão que antes lhes parecia impossível merecer, plenos de projetos e desejos ativos, espantados por se sentirem novamente vivendo em plenitude.

Vi entrarem nos Exercícios pessoas inseguras diante de um futuro imediato que não viam nada claro ou que não desejavam ou não aceitavam... e os vi terminá-los serenamente abraçados a esse futuro, tendo-o redescoberto e reconhecido – sem mediação humana determinante – como o caminho que era seu *desde sempre*, iluminado agora melhor que antes por uma presença amiga que compreendiam que vinha acompanhando-os toda a vida nos bons e maus momentos, nos tempos felizes e nas amarguras, no início e no ocaso de seus anos.

Recebi – já sem assombro – centenas de exercitantes inicialmente inquietos por não saberem se poderiam resistir tantos dias em silêncio – na melhor das propostas, um mês inteiro – nem se saberiam estar tanto tempo exclusivamente dedicados a cultivar uma interioridade que não conseguiam de modo algum imaginar atrativa...; e os vi partir no final da experiência com um sorriso aberto e amplo, perfeitamente expressivo e transparente, ante a pergunta intencionada por sua opinião definitiva sobre aqueles medos iniciais.

Dando Exercícios, vivi também, numerosas situações de cansaço lânguido em minha tarefa, devastado pela dúvida de não saber se estava ajudando realmente os exercitantes que tinha diante de mim ou não, sentindo-me incapaz e vagaroso para captar suas sensibilidades tão diversas, faminto de confirmações sobre a empatia ou o acerto da linguagem que estava utilizando, desconcertado por não poder saber se minhas palavras lhes comunicavam de verdade algo realista para suas vidas...; e, sem esperar, acabei recebendo a confi-

EPÍLOGO – O melhor presente de Santo Inácio

dência excepcional de um exercitante que me deixou ver que tudo o que era dito por mim tinha sentido, e que quase cada palavra parecia tê-la ditado para ele um Senhor que agora se mostrava muito pleno de detalhes e confirmações.

Vivi também – como penso ter acontecido também a outros ao dar Exercícios – a decepção provocada em não poucas turmas pela incômoda atitude ou pela falta de vontade de alguns exercitantes, aparentemente nada dispostos a entrar na dinâmica inaciana de interioridade e silêncio... para constatar de improviso, na pessoa ou no momento mais inesperado, uma mudança imprevisível de resultados e expectativas, inexplicável em tudo pelos esforços reconhecíveis antes nessas pessoas por fora.

Certamente, os Exercícios produzem *frutos* surpreendentes. Sempre *acontecem coisas* quando são feitos com vontade – "com ânimo e generosidade", diz Santo Inácio. Nunca deixam os exercitantes na mesma situação estreita ou angustiosa que sofriam, sem poder desprender-se dela no início dos Exercícios.

Algumas vezes, porque os Exercícios lhes trazem respostas satisfatórias e profundas a perguntas que sequer haviam sido bem formuladas antes. E outras, porque são origem e causa de um entusiasmo eficaz renovado, quando já havia motivos para pensar que este ficara para sempre desaparecido ou diluído em uma apatia vital aparentemente invencível. Um entusiasmo novo que logo, contra todo prognóstico, se mantém eficaz durante anos e anos.

Por sua vez, para os que damos os Exercícios, a repetida desproporção entre o esforço e o resultado aponta sem rodeios para o protagonismo maior de outra presença permanentemente ativa, porque é uma grande verdade que o método inaciano supera as capacidades e os acertos daquele que o oferece. Ao que dá Exercícios, lhe resulta sempre fácil constatar que seu papel está limitado a ser somente de mediação, e não de protagonismo.

Sabemos que Santo Inácio falava de realidades bem experimentadas por ele mesmo quando recomendava a outros seus Exercícios, "tanto para proveito próprio como para poder ajudar e aproveitar a muitos". O *revival* que estamos conhecendo hoje dos Exercícios corrobora esta mesma apreciação, tanto para quem dá como para quem os faz. Vezes sem conta, ambos descobrem quanto o método inaciano fomenta as atitudes que dispõem a pessoa a escutar a Deus. E como *sentir* seu amor incondicional e gratuito é "tudo de bom que eu posso pensar, sentir e entender nesta vida", em confissão inaciana.

Apresentação dos autores

ANTONIO GUILLÉN (Valência, 1943). Jesuíta, instrutor de Terceira Provação em Salamanca desde 2011, diretor da revista *Manresa* desde 2014. Publicou: *Agradecer tanto bien recibido. Ejercicios de San Ignacio.* Frontera-Hegian, Vitória, 2006 (esgotado).

PABLO ALONSO (Múrcia, 1968). Jesuíta, professor de Novo Testamento e de Espiritualidade na Universidad Pontificia Comillas (Madri), mestre de noviços entre 2011 e 2016, e desde 2014 delegado por formação. É membro do Conselho de Redação da revista *Manresa*.

DARÍO MOLLÁ (Alcoy, 1949). Jesuíta, especialista em espiritualidade inaciana. Orienta Exercícios Espirituais e colabora no Centro Arrupe, em Valência. Publicou: *Pedro Arrupe, carisma de Ignacio,* Bilbao/Santander/Madri, Mensajero/Sal Terrae/UP Comillas, 2015 (Coleção Manresa, n. 55), e *Discernimiento: concretar el amor,* Vitória, Frontera/Hegian, 2016.

Edições Loyola

editoração impressão acabamento

rua 1822 n° 341
04216-000 são paulo sp
T 55 11 3385 8500/8501 • 2063 4275
www.loyola.com.br